伟 大 的 思 想
GREAT IDEAS

14

现代生活的画家
THE PAINTER OF MODERN LIFE

〔法〕夏尔·波德莱尔　著
郭宏安　译

商务印书馆
The Commercial Press

THE PAINTER OF MODERN LIFE
by Charles Baudelaire
Selection copyright © Penguin Books Ltd
Cover artwork © Joe McLaren & David Pearson
Simplified Chinese edition copyright © 2023 by The Commercial Press in association with Penguin Random House North Asia.
All rights reserved.

"企鹅"及相关标识是企鹅兰登已经注册或尚未注册的商标。未经允许，不得擅用。
封底凡无企鹅防伪标识者均属未经授权之非法版本。

涵芬楼文化 出品

译者序

1892年的一天,画家贡斯当丹·居伊从朋友纳达尔家里出来,走到哈佛尔街上,被一辆疾驰的马车撞翻,伤了腿,住进了医院,不久竟去世了。贡斯当丹·居伊虽然是颇有所成的画家,但在公众之中却还是籍籍无名,他的生与死并不在人们的关注之中。贡斯当丹·居伊只在不多的艺术家、批评家和记者当中拥有欣赏者,在这不多的人中,夏尔·波德莱尔算是一个,他为贡斯当丹·居伊写过一篇长文,这就是《现代生活的画家》,发表在1863年11月26日、29日和12月3日的《费加罗报》上。

《现代生活的画家》是一篇美术评论,但是它用灵动俏皮而充满大气的描述笔法为我们呈现出一位艺术家的精神肖像：他"凝视"生命力之河，他"欣赏"都市生活的永恒的美和惊人的和谐，他"静观"大城市的风光，他的"鹰眼"看出了人们着装的变化、"细察和分析"了林荫大道上正在行进的一个团队。他和普天下一切真正的艺术家一样，敏感，热情，具有认识、了解一切的好奇心，按捺不住地要投入生活、投入人群，随时准备上路去追寻、去探险、去体验。"康复期仿佛是回到童年。"儿童对一切事物，哪怕是最微不足道的事物，都有浓厚的兴趣，都有一种"直勾勾的、野兽般出神的目光"，这是一种好奇心所致。我们应该承认，波德莱尔所言乃是万古不易之论，因为它出自人类的共同经验。在他三百年之前，明人袁宏道就在《叙陈正甫会心集》中说："夫趣得之自然者深，得之学问者浅。当其为童子也，不知有趣，然无往而非趣也。……孟子所谓不失赤子，老子所谓能婴儿，盖指此也。"趣，得之自然，当下即获，故深；得之学问，终隔一层，故浅。古今中外，文心相通若此。波德莱尔在解释了贡斯当丹·居伊的特点的同时，也解释了天下所有艺术家的共同特点。其实，艺术家与儿童的区别并不重要，重要的是他能够"不失赤子""能婴儿",这就是说,假使一位艺术家用一副老于世故、看破红尘的眼光看世界,那他就什么也看不到,因为他是过来人,什么都见过了,什么都看透了,什么都不新鲜了,什么都"失去锋芒"了,总之,他没有了激情。关于贡斯当丹·居伊,波德莱尔说:"如天空之于鸟,水之于鱼,人群是他的领域。他的激情和他的事业,就是和群众结为一体。"他一语中的,说到了贡斯当丹·居伊作为艺术家的根本,也说到了现代艺术的根本。

法国著名的研究波德莱尔的专家克洛德·皮舒瓦在1988年出版的贡斯当丹·居伊画册的序言中说:"这种友谊通过与贡斯当丹·居伊的作品的接触使得波德莱尔建立了一种新的美学,明确了他关于现代性的观念,增加了一种新的维度,即快速和短暂的维度。""新的美学"和"现代性的观念"是波德莱尔在《现代生活的画家》中阐述的两大主题,其实,两者可以合二为一,称为"现代的美学"。

这种"新的美学",其来源是现代的生活,即大城市的生活。与古代的生活相比,现代生活有"一种现代的美和英雄气概"(《1846年的沙龙》),它的服装、隆重典礼和盛大节日、军人、浪荡子

(《1846年的沙龙》中说:"浪荡是一种现代的东西。")、女人和姑娘、车马、战争以及化妆等等,无一不表现出"过渡的时代"的一种特殊的美。贡斯当丹·居伊"到处寻找现实生活的短暂的、瞬间的美,寻找读者允许我们称之为现代性的特点。他常常是古怪的、狂暴的、过分的,但他总是充满诗意的,他知道如何把生命之酒的苦涩或醉人的滋味凝聚在他的画中"。凭记忆作画,准确,迅速,抓住瞬间的印象,是这种新的美学的基本特征。

在提出这种新的美学的同时,波德莱尔明确了他关于现代性的观念:"现代性就是过渡、短暂、偶然,就是艺术的一半,另一半是永恒和不变。"波德莱尔关于现代性的观念成为20世纪人们研究现代性问题的重要参照,波德莱尔本人也被看作是19世纪对现代性最为敏感的人。其实,我觉得波德莱尔不过是在艺术的领域内提出了现代性的问题,不宜于将其扩展到整个社会,仿佛他是一个哲学家或思想家似的。当然,波德莱尔有哲学,有思想,但这并不等于他就是一般意义上的一个哲学家,一般意义上的一个思想家。但是,对于"现代性"的体验和认识,无疑是在艺术的领域内最为敏感和深刻。

波德莱尔对现代状态下的生活有一种矛盾的心态，一方面，他对现代生活的辉煌、喧嚣和神奇充满了赞叹之情，要求艺术家用他们手中的笔加以表现；另一方面，他又对这种形式上崭新的生活充满了批判和抨击，不由自主地用诗和散文的形式来宣泄他胸中的愤懑。这种矛盾的心态使波德莱尔成为一个"反现代派"。但是，所谓反现代派，"不过是现代派，真正的现代派，不上现代派的当、聪明一些的现代派"而已，总之，"反现代派，是自由状态下的现代派"。这是法国批评家安东尼·孔巴尼翁在他2005年出版的一本书《反现代派》中说的话，这番话的意思是，真正的现代派不能被现代社会的变化蒙住了眼睛，要站在"自由"的立场上用批判的眼光来看待现代生活中的一切闪光的东西。

在法国，波德莱尔是第一个对现代性有着深刻的体验并加以描述的人，因此他成为后人论述现代性的一个重要的参照。他所提出的观点，暗含着传统与现代之间存在着延续与对立的辩证关系，洋溢着对现代性乃至现代化的一种既有肯定又有否定的清醒的批判精神，至今仍对我们有很大的启发意义。《现代生活的画家》无疑是波德莱尔论述现代的美学和现代性的一部最为深刻、最有预见性的著作，当然，它也是一部洋溢着赞赏之情的描绘和评述贡斯当丹·居伊的绘画天才的著作，亦是一部把绘画当作新闻报道手段而给予高度评价的开先河的著作。

郭宏安

目 录

现代生活的画家   1

欧仁·德拉克洛瓦的作品和生平   63

1859 年的沙龙   109

➳ 现代生活的画家*

一 美、时式和幸福

在社会上,甚至在艺术界,有这样一些人,他们去卢浮宫美术馆,在大量尽管是第二流却很有意思的画家的画前匆匆而过,不屑一顾,而是出神地站在一幅提香的画、拉斐尔的画或某一位复制品使之家喻户晓的画家的画前;随后他们满意地走出美术馆,不止一位心中暗想:"我知之矣。"也有这样的人,他们读过了博叙埃和拉辛,就以为掌握了文学史。

幸好不时地出现一些好打抱不平的人、批评家、

---

* 本文最初发表于《费加罗报》(1863年11月26、29日,12月3日)。——译者[本书注释若无另注,均为译者注]

业余爱好者和好奇之士，他们说好东西不都在拉斐尔那儿，也不都在拉辛那儿，**小诗人**也有优秀的、坚实的、美妙的东西。总之，无论人们如何喜爱由古典诗人和艺术家表达出来的普遍的美，也没有更多的理由忽视特殊的美、应时的美和风俗特色。

我应该说，若干年来，社会有了一些改善。爱好者现在珍视通过雕刻和绘画表现出来的上世纪的风雅，这表明出现了一种顺乎公众需要的反应；德比古[1]、圣多班兄弟[2]，还有其他许多人都进入了值得研究的艺术家的名单。不过，这些人表现的是过去，而我今天要谈的是表现现在风俗的绘画。过去之有趣，不仅仅是由于艺术家善于从中提取的美——对他们来说，过去就是现在，而且还由于过去作为过去的历史价值。对现在而言也是如此，我们从对于现在的表现中获得的愉快不仅仅来源于它可能被赋予的美，而且来源于其作为现在的本质属性。

我眼下有一套时装式样图，从革命时期开始，

---

1. 德比古（Philibert-Louis Debucourt，1755—1832年），法国画家。
2. 夏尔·德·圣多班（Charles de Saint-Aubin，1721—1786年），法国画家。加布里埃尔·德·圣多班（Gabriel de Saint-Aubin，1724—1780年），法国画家。

到执政府时期前后结束。这些服装使许多不动脑筋的人发笑，这些人表面庄重，实际并不庄重，但这些服装具有一种双重的魅力：艺术的和历史的魅力。它们常常是很美的，画得颇有灵性；但是，对我至少同样重要的、我在所有这些或几乎所有这些服装中高兴地发现的东西，是时代的风气和美学。人类关于美的观念被铭刻在他的全部服饰中，使他的衣服有褶皱，或者挺括平直，使他的动作圆活，或者齐整，时间长了，甚至会渗透到他的面部的线条中去。人最终会像他愿意的样子的。这些式样图可以被表现得美，也可以被表现得丑。表现得丑，就成了漫画；表现得美，就成了古代的雕像。

穿着这些服装的女人或多或少的彼此相像，这取决于她们表现出的诗意或庸俗的程度。有生命的物质使我们觉得过于僵硬的东西摇曳生姿。观者的想象力现在还可以使那些紧身衣和那些披巾动起来和抖起来。也许哪一天有一场戏出现在某个舞台上，我们会看到这些服装复活了，我们的父亲穿在身上，跟穿着可怜的服装的我们一样有魅力（我们的服装也有其优美之处，但其性质更偏于道德和心灵方面），如果这些服装由一些聪明的男女演员们穿着并赋予活力,我们就会因如此冒失地大笑而感到惊奇。过去在保留着幽灵的动人之处的同时,会重获生命的光辉和运动,也将会成为现在。

一个不偏不倚的人如果依次浏览法国从起源到现在的一切风尚的话,他是任何刺眼的甚至令人惊讶的东西也发现不了的。过渡被安排得丰富而周密,就像动物界的进化系统一样,没有任何空白,因此也就没有任何意外。如果他给表现各个时代的画加上这个时代最流行的哲学思想的话(该画不可避免地会使人想起这种思想的),他就会看到,支配着历史的各个组成部分的和谐是多么深刻,即便在我们觉得最可怕、最疯狂的时代里,对美的永恒的渴望也总会得到满足的。

事实上,这是一个很好的机会,来建立一种关于美的合理的、历史的理论,与唯一的、绝对的美的理论相对立;同时也是一个很好的机会,来证明美永远是、必然是一种双重的构成,尽管它给人的印象是单一的,因为在印象的单一性中区分美的多样化的成分所遇到的困难丝毫也不会削弱它构成的多样化的必要性。构成美的一种成分是永恒的、不变的,其多少极难加以确定;另一种成分是相对的、暂时的，可以说它是时代、风尚、道德、情欲，或是其中一种，或是兼容并蓄。它像是神糕有趣的、引人的、开胃的表皮，没有它，第一种成分将是不能消化和不能品评的，将不能为人性所接受和吸收。我不相信人们能发现什么美的标本是不包含这两种成分的。

可以说我选择了历史的两个极端的梯级。在神圣的艺术中，两重性一眼便可看出，永恒美的部分只是在艺术家所隶属的宗教的允许和戒律之下才得以表现出来。在我们过于虚荣地称之为文明的时代里，一个精巧的艺术家的最浅薄的作品也表现出两重性。美的永恒部分既是隐晦的，又是明朗的，如果不是因为风尚，至少也是作者的独特性情使然。艺术的两重性是人的两重性的必然后果。如果你们愿意的话，那就把永远存在的那部分看作是艺术的灵魂吧，把可变的成分看作是它的躯体吧。斯丹达尔是个放肆、好戏弄人，甚至令人厌恶的人，但他的放肆有效地激起了沉思，所以他说**美不过是许诺幸福而已**，这就比许多其他人更接近真理。显然，这个定义超越了目标，它太过分地使美依附于幸福的无限多样化的理想，过于轻率地剥去了美的贵族性，不过它具有一种巨大的优点，那就是决然地离开了学院派的错误。

这些东西我已解释过不止一次了。对于那些喜欢这种抽象思想游戏的人来说,这些话也足够了;但我知道大部分法国读者并不大热衷于此道,所以我要赶快进入我的主题的实在而现实的部分。

二 风俗速写

要速写风俗,表现市民的生活和时髦的场景,最简便最节省的方法显然就是最好的方法。艺术家越是在里面放进去美,作品就越珍贵。但是在平庸的生活中,在外部事物的日常变化中,有一种迅速的运动,使得艺术家必须画得同样迅速。如我刚才所说,18世纪的多色版画又重新走红了,色粉画、铜版画、蚀刻画相继向这部巨大的分散在图书馆、爱好者的画夹之中以及最粗俗的店铺的橱窗后面的现代生活词典提供了它们的语汇。石印画一出现,就立刻表现出很适合这个看起来轻松而实际上很艰巨的任务。我们在这一体裁中是有着真正的巨制的。人们公正地把加瓦尔尼和杜米埃的作品称为《人间喜剧》的补充。我确信,巴尔扎克本人也不会不接受这种看法,尤其是风俗画家的天才是一种混合的天才，即其中文学精神占了很大的部分，这种看法就更加正确了。观察者、漫游者、哲学家，你们随便叫吧。不过，要说明这位艺术家的特点，你们肯定不会把用在画永恒的事物，或至少更为长久的事物、英雄的或宗教的事物的画家身上的形容词用在这位艺术家身上。他有时是诗人，但他常常更接近小说家或道德家，他是时势以及时势所暗示的永恒之物的画家。每个国家，为了它的快乐和它的光荣，都拥有几个这样的人。在我们这个时代，最先呈现在记忆中的名字，人们还可以在杜米埃和加瓦尔尼之后加上德维里亚、莫兰、努玛[1]，他们是描绘复辟时代的可疑风雅的历史学家，瓦吉埃、塔萨埃、欧仁·拉米，此君因为喜爱贵族的高雅都快成了英国人了，还有特里莫莱和特拉维埃，他们是贫困和普通人生活的编年史家。

三　艺术家、上等人、老百姓和儿童

我今天想和大家谈一个奇特的人，他的独创性

---

1. 努玛（Pierre-Numa Bassaget，1820—1872年），法国画家。

强而鲜明,达到了自足的程度,并不去寻求别人的赞同。他的画从来是不署名的,如果人们把那几个字母称作署名的话,这几个字母很容易伪造,代表着一个名字,许多人很讲究地写在他们的最不经心的草图的下方。但是,他的全部作品都署上了他的光辉的灵魂,看过并珍爱他的作品的爱好者们根据我想做的描写可以很容易地认出来。C. G.[1] 先生非常热爱群众,喜欢隐姓埋名,谦逊也是他的独特之处。众所周知,萨克雷[2] 先生对艺术方面的事情很好奇,亲自为自己的小说画插图,他曾在伦敦的一份小报上谈到过C. G. 先生,后者却生气了,仿佛这是对他的廉耻心的一种冒犯。最近,当他得知我打算评价他的思想和才能时,竟急切地请求我去掉他的姓名,请求我谈他的作品要像谈一个无名氏的作品那样。我将谦恭地服从这一古怪的愿望。读者和我,我们都假装认为G先生并不存在,他对他的素描和水彩画表示出一种贵族的轻蔑,而我们来谈论这些画,就像学者们评价一些珍贵的历史文件一样,

---

1. 指贡斯当丹·居伊(Constantin Guys, 1802—1892年),法国画家。
2. 萨克雷(W. M. Thackeray, 1811—1864年),英国作家。

这些文件是偶然出现的，其作者大概永远无人知晓。更有甚者，为了使我的良心彻底安宁，大家要设想，我关于他那如此好奇、如此神秘的光辉个性所谈的一切或多或少正是受到所谈作品的启发，这是纯粹的充满诗意的假设，是猜测，是想象力的作用。

G先生老矣。有人说，让-雅克四十二岁开始写作。可能也是在这个年纪上，G先生摆脱不掉填满了他的脑海的所有那些形象，大着胆子把墨水和颜色涂在一张白纸上。说实话，他那时画得像个门外汉，像个孩子，因手指笨拙工具不听使唤而恼火。他开始时乱涂的那些画我见过许多，我承认，大部分熟悉或声称熟悉这些画的人可能没有看出这些黑乎乎的画稿中藏着一个天才，这也不是什么丢脸的事。今天，G先生已经无师自通，自己找到了这一行的一切诀窍，成了一个独特的、强有力的大师，在他早年的质朴中，他只保留了那种为了使他丰富的才能增加一种意外的调料所必需的东西。每当他看见年轻时的习作，他就怀着一种最有趣的羞愧把它们撕掉，或者付之一炬。

十年中，我一直想结识G先生，可他生性好动，以四海为家。我知道他曾长期为英国一家画报[1]工作，在那上面发表根据他的旅行速写（西班牙、土耳其、克里米亚）雕刻的版画。从那以后，我见过大量他就地即兴画的画，因此，我可以**读到**关于克里米亚战争的每时的、详细的报道，这是比其他任何报道都强的报道。这份画报还刊登同一位作者根据新芭蕾和新歌剧所画的大量作品，都没有署名。终于，我找到他了，我立刻就看出，我与之打交道的并非一位**艺术家**，而是一位**社交界人物**。我请你们在很窄的意义上理解**艺术家**一词，而在很广的意义上理解**社交界人物**一词。**社交界人物**，就是与全社会打交道的人，他洞察社会及其全部习惯的神秘而合法的理由；**艺术家**，就是专家，像农奴依附土地一样依附他的调色板的人。G先生不喜欢被称作艺术家。难道他没有一点儿理由吗？他对全社会感兴趣，他想知道、理解、评价发生在我们这个地球表面上的一切。艺术家很少或根本不在道德和政治界中生活。住在布雷达区的人不知道圣日耳曼区发生的事。除了两三个无须指名的例外，应该说大部

---

1. 指《伦敦新闻画报》。

分艺术家都是些机灵的粗汉、纯粹的力工、乡下的聪明人、小村庄里的学者。他们的谈话不能不局限在一个很窄的圈子里,很快就使社交界人物这个宇宙的精神公民感到不堪忍受。

因此,为理解G先生起见,请立刻记下这一点:好奇心可以被看作是他的天才的出发点。

你们还记得那一幅由本世纪最有力的笔写出的题为《投入人群的人》[1](那的确是一幅画呀!)吗?在一家咖啡馆的窗户后面,一个正在康复的病人愉快地观望着人群,他在思想上混入在他周围骚动不已的各种思想之中。他刚刚从死亡的阴影中回来,狂热地渴望着生命的一切萌芽和气息。因为他曾濒临遗忘一切的边缘,所以他回忆起来了,而且热烈地希望回忆起一切。终于,他投入人群,去寻找一个陌生人,那陌生人的模样一瞥之下便迷住了他。好奇心变成了一种命中注定的、不可抗拒的激情。

请设想一位精神上始终处于康复期的艺术家,你们就有了理解G先生的特点的钥匙。

然而,康复期仿佛是回到童年。正在康复的病

---

1. 爱伦·坡的一篇短篇小说。

人像儿童一样,在最高的程度上享有那种对一切事物——哪怕是看起来最平淡无奇的事物——都怀有浓厚兴趣的能力。如果可能的话,让我们借助想象力回溯的力量,回想一下我们最年轻时的最初的印象,我们就会承认它们和我们后来大病之余得到的色彩强烈的印象之间有一种奇特的关系,只要这场病使我们的智力纯洁如初、安然无恙。儿童看什么都是**新鲜的**,他总是**醉醺醺的**[1]。儿童专心致志于形式和色彩时所感到的快乐比什么都更像人们所说的灵感。我敢再进一步,我敢断言灵感与充血有某种联系,任何崇高的思想都伴随有一种神经的或强或弱的震动,这种震动一直波及小脑。天才人物的神经是坚强的,而儿童的神经是脆弱的。在前者,理性占据重要的地位;在后者,感觉控制着全身。然而,天才不过是有意的**重获的童年**,这童年为了表达自己,现在已获得了刚强有力的器官以及使它得以整理无意间收集的材料的分析精神。儿童面对新奇之物,不论什么,面孔或风景,光亮,金箔,色彩,闪色的布,衣着之美的魅力,所具有的那种直

---

[1]. 这里可理解为"兴奋"。

勾勾的、野兽般出神的目光应该是出于这种深刻愉快的好奇心。我的一个朋友一天对我说，他很小的时候，有一次看见了父亲在梳洗，他恐惧中夹杂着快乐，出神地望着那胳膊的肌肉，皮肤上粉红和黄的色彩变化，血管的发蓝的网。外部生活的图景已经使他肃然起敬，征服了他的头脑。形式已经缠住他了，控制住他了。命运早早地出现在他的鼻子尖儿上了，命已注定。我还需要说这个孩子今天已成了名画家吗？

我刚才请你们把G先生看作是永远在康复的病人，为了使你们的概念更完整，请你们也把他当作一个老小孩吧，当作一个时时刻刻都拥有童年的天才的人吧，也就是说，对这个天才来说，生活的任何一面都不曾**失去锋芒**。

我对你们说过，我不愿意称他为纯艺术家，他本人也怀着一种带有贵族的腼腆色彩的谦逊拒绝这一称号。我很愿意把他称为浪荡子，而我对此是颇有道理的，因为浪荡子一词包含着这个世界的道德机制所具有的性格精髓和微妙智力；但是另一方面，浪荡子又追求冷漠，因此，被一种不可满足的激情，即观察和感觉的激情所左右的G先生又激烈地摆脱浪荡。圣奥古斯丁说：Amabam amare[1]。G先生则会心甘情愿地说："我满怀激情地喜爱激情。"浪荡子因政治和小集团利益而感到厌倦，或装作感到厌倦。G先生讨厌感到厌倦的人。他有**真诚而不可笑**这种如此困难的本事（端人雅士会理解我的）。我会送他哲学家的称号，他也有不止一种理由而当之无愧，假使他对可见、可能、凝聚为造型状态的事物的过分喜爱不使他对组成玄学家的不可触及的王国的那些东西产生某种厌恶的话。所以，我们还是把他局限在生动的纯道德家的范围内吧，像拉布吕耶尔一样。

如天空之于鸟、水之于鱼，人群是他的领域。他的激情和他的事业，就是**和群众结为一体**。对一个十足的漫游者、热情的观察者来说，生活在芸芸众生之中，生活在反复无常、变动不居、短暂和永恒之中，是一种巨大的快乐。离家外出，却总感到是在自己家里；看看世界，身居世界的中心，却又为世界所不知，这是这些独立、热情、不偏不倚的人的几桩小小的快乐，语言只能笨拙地确定其特点。观察者是一位处处得享微行之便的君王。生活的爱

---

1. 拉丁文，苦恋。

好者把世界当作他的家,正如女性的爱好者用找到的美人(不管是可找到的,还是不可找到的)组成他的家,就像绘画爱好者生活在一个被画在画布上的梦幻迷惑的社会中一样。因此,一个喜欢各种生活的人进入人群就像是进入一个巨大的电源。也可以把他比作和人群一样大的一面镜子,比作一台具有意识的万花筒,每一个动作都表现出丰富多彩的生活和生活的所有成分所具有的运动的魅力。这是**非我**的一个永不满足的我,它每时每刻都用比永远变动不居、瞬息万变的生活本身更为生动的形象反映和表达着非我。一天,G先生目光炯炯,手势生动,在谈话中说:"任何一个不被一种过分实在的使他不得不耗尽所有才能的忧虑所苦的人,*任何一个在群众中感到厌烦的人,都是一个傻瓜!一个傻瓜!我蔑视他!*"

G先生一觉醒来,睁开双眼,看见刺眼的阳光正向窗玻璃展开猛攻,不禁懊悔遗憾地自语道:"多么急切的命令!多么耀眼的光明!几小时之前就已是一片光明啦!这光明我都在睡眠中丢掉啦!我本来可以看到多少*被照亮*的东西呀,可我竟没有看到!"于是,他出发了!他凝视着生命力之河,那样的壮阔,那样的明亮。他欣赏都市生活的永恒的美和惊人的和谐,这种和谐被神奇地保持在人类自由的喧嚣之中。他静观大城市的风光,由雾霭抚摸着的或被太阳打着耳光的石块构成的风光。他有漂亮的装束、高傲的骏马、一尘不染的青年马夫、灵活的仆役、曲线毕露的女人、美丽的活得幸福穿得好的孩子,一句话,他享受着全面的生活。如果一种样式、一种服装的剪裁稍微有了改变,如果丝带结和纽扣被饰结取而代之,如果女帽的后饰绸带变宽、发髻朝后脖颈略有下降,如果腰带上提、裙子变肥,请相信,他的鹰眼老远就已经看出来了。一个团队过去了,可能要开到世界的另一端,林荫道上空响彻了像希望一般诱人而轻松的军乐声。G先生的眼睛已经看见、细察和分析了这支部队的武器、步伐和风貌。鞍辔、闪光、音乐、果决的目光、浓重庄严的髭须,这一切都乱糟糟地进入他的头脑中,几分钟之后,由此而产生的诗就可能形成了。他的灵魂就这样和团队的灵魂生活在一起了,而这团队像一个动物一样地前进,真是服从中的一个自豪的快乐的形象!

可是夜来了。那是个古怪而可疑的时刻,天幕四合，城市放光，煤气灯在落日的紫红上现出斑点。正经的或不道德的，理智的或疯狂的，人人都自语道："一天终于过去了！"智者和坏蛋都想着玩乐，每个人都奔向他喜欢的地方去喝一杯遗忘之酒。G先生将在任何闪动着光亮、回响着诗意、跃动着生命、震颤着音乐的地方滞留到最后，任何地方，只要那里有一种激情可以呈现在他的眼前，只要那里有自然的人和传统的人出现在一种古怪的美之中，只要那里阳光照亮**堕落的动物**[1]的瞬间的快乐！"瞧，这一天的确没有白过！"某些我们都认识的读者心想，"我们人人都有足够的天才，用同样的方式度过一天。"不！很少有人具有观察的才能，拥有表达的力量的人则更少。现在，别人都睡了，这个人却俯身在桌子上，用他刚才盯着各种事物的那种目光盯着一张纸，舞弄着铅笔、羽笔和画笔，把杯子里的水弄洒在地上，用衬衣擦拭羽笔。他匆忙、狂暴、活跃，好像害怕形象会溜走。尽管是一个人，他却吵嚷不休，自己推搡着自己。各种事物重新诞生在纸上，自然又超越了自然，美又不止于美，奇特又

---

1. 卢梭在《论人类不平等的起源和基础》中写道："……思考的状态是一种反自然的状态，沉思的人是一头堕落的野兽。"

具有一种像作者的灵魂一样热情洋溢的生命。幻景是从自然中提炼出来的，记忆中拥塞着的一切材料被分类、排队，变得协调，经受了强制的理想化，这种理想化出自一种**幼稚的**感觉，即一种敏锐的、因质朴而变得神奇的感觉！

四　现代性

他就这样走啊，跑啊，寻找啊。他寻找什么？肯定，如我所描写的这个人，这个富有活跃的想象力的孤独者，不停地穿越巨大的**人性荒漠**的孤独者，有一个比纯粹的漫游者的目的更高些的目的，有一个与一时的短暂的愉快不同的更普遍的目的。他寻找我们可以称为**现代性**的那种东西，因为再没有更好的词来表达我们现在谈的这种观念了。对他来说，问题在于从流行的东西中提取出它可能包含着的在历史中富有诗意的东西，从过渡中抽出永恒。如果我们看一看现代画的展览，我们印象最深的是艺术家普遍具有把一切主题披上一件古代的外衣这样一种倾向。几乎人人都使用文艺复兴时期的式样和家具，正如大卫使用罗马时代的式样和家具一样。不过，这里有一个分别，大卫特别选取了希腊和罗马的题材，他不能不将它们披上古代的外衣；而现在的画家们选的题材一般说可适用于各种时代，但他们却执意要令其穿上中世纪、文艺复兴时期或东方的衣服。这显然是一种巨大的懒惰的标志，因为宣称一个时代的服饰中一切都是绝对的丑要比用心提炼它可能包含着的神秘的美（无论多么少、多么微不足道）方便得多。现代性就是过渡、短暂、偶然，就是艺术的一半，另一半是永恒和不变。每个古代画家都有一种现代性，古代留下来的大部分美丽的肖像都穿着当时的衣服。他们是完全协调的，因为服装、发型、举止、目光和微笑（每个时代都有自己的仪态、眼神和微笑）构成了全部生命力的整体。这种过渡的、短暂的、其变化如此频繁的成分，你们没有权利蔑视和忽略。如果取消它，你们势必要跌进一种抽象的、不可确定的美的虚无之中，这种美就像原罪之前的唯一的女人的那种美一样。如果你们用另一种服装取代当时必定要流行的服装，你们就会违背常理，这只能在流行的服饰所允许的假面舞会上才可以得到原谅。所以，18世纪的女神、仙女和苏丹后妃都是些精神上相似的肖像。

研究古代的大师对于学习画画无疑是极好的，但是如果你们的目的在于理解现时美的特性的话，那就只能是一种多余的练习。鲁本斯或委罗内塞所画的衣料教不会你们画出宽纹波纹织物、高级缎或我们工厂生产的其他织物，这些织物是用硬衬或上浆平纹细布裙撑起或摆平的，其质地与纹理和古代威尼斯的料子或送到卡特琳官廷中的料子是不同的。还要补充一点，裙子和上衣的剪裁也是根本不同的，褶皱的方式是新的，而且，现代女性的举止仪态赋予她的衣裙一种有别于古代女性的活力和面貌。一句话，为了使任何现代性都值得变成古典性，必须把人类生活无意间置于其中的神秘美提炼出来。G先生特别致力的正是这一任务。

我说过每个时代都有它的仪态、目光和举止，这一命题特别在一个巨大的肖像画廊（例如凡尔赛的）中变得容易验证。不过，这个命题还可以扩大得更广。在被称作民族的这种单位中，职业、集团、时代不仅把形形色色的变化带进举止和风度中，而且也带进面部的具体形状中。某种鼻子、某种嘴、某种前额出现在某段时期内，其长短我不打算在这里确定，但肯定是可以计算的。肖像画家们对这样的看法还不够熟悉,具体地说,安格尔先生的大缺点是想把一种多少是全面的、取诸古典观念的宝库之中的美化强加给落到他眼下的每一个人。

在这样的问题上,进行先验的推理是容易的,甚至也是合理的。所谓灵魂和所谓肉体之间的永恒的关系很好地说明了物质的或散发自精神的东西如何表现和将永远表现着它所由产生的精神。假使有一位画家,有耐心并且细致,但想象力平平,他要画一位现在的妓女,但他取法于(这是固定的用语)提香或拉斐尔的妓女,那他就极有可能画出一件虚假的、暧昧的、模糊不清的作品。研究那个时代和那种类型中的杰作不能使他知道这类人物的姿态、目光、怪相和有生气的一面,而她们在时髦事物词典中相继被置于诸如**下流女子**、**由情人供养之姑娘**、**轻佻女子**、**轻浮女人**等粗鄙打趣的名目之下。

同样的批评也完全适用于对军人,对浪荡子,对动物:如狗或马,对组成一个时代的外部生活的一切东西的研究。谁要是在古代作品中研究纯艺术、逻辑和一般方法以外的东西,谁就要倒霉!因为陷入太深,他就忘了现时,放弃了时势所提供的价值和特权,因为几乎我们全部的独创性都来自**时间打**

在我们感觉上的印记。读者预先就知道我可以在女人之外的许多东西上很容易地验证我的论述。例如，一位海景画家（我把假设推到极端）要再现现代船舶的简洁而高雅的美，他就睁大眼睛研究古船的装饰物过多的弯弯曲曲的外形和巨大的船尾以及16世纪的复杂的帆，你们将说些什么？你们让一位画家给一匹纯种的、在盛大的赛马会上出了名的骏马画像，如果他只在博物馆中冥思苦想，只满足于观察古代画廊中凡·戴克、布基侬[1]或凡·德莫伦[2]笔下的马，你们又将做何感想？

G先生在自然的引导下，在时势的左右下，走了一条完全不同的道路。他以凝视生活开始，很晚才学会了表现生活的方法，从中产生出一种动人的独创性。在这种独创性中，还存在的外行、质朴的东西就成了一种服从于印象的新证据，成为一种对真实的恭维。对我们中的大多数人来说，尤其是对生意人来说，自然，如果不和他们的生意有实用的联系，就不存在，生活的实际存在的幻想衰退得尤

---

1. 布基侬（Le Bourguignon），即雅克·古杜瓦（Jacques Courtois, 1621—1676年），法国画家。
2. 凡·德莫伦（Van der Meulen, 1632—1690年），弗朗德勒画家。

其严重。但G先生不断地吸收着这种幻想，并且记得住，满眼都是。

五 记忆的艺术

不规范一词也许过于经常地来到我的笔端，这可能会使某些人以为这指的是某些作品没有定型，唯有观者的想象力才能使之成为完美的东西。如果是这样的话，那就把我的意思理解错了。我想说的是一种不可避免的、综合的、幼稚的不规范，它在一种完美的艺术（墨西哥的、埃及的或尼尼微的）中往往是显而易见的，它出于一种扩大地观察事物尤其是在其整体效果中细看事物的需要。这里有必要指出，许多人把一切具有综合简化的目光的画家指为不规范，例如柯罗先生，他首先力求勾出一片风景的主要线条，它的骨架和面貌。这样，G先生就在忠实地表现他自己的印象的同时，以一种本能的毅力突出了一件东西的最高的或明亮的部分（从戏剧性的观点看，它们可以是最高的或明亮的），或者主要的特点，有时甚至带有一种对人类记忆有益的夸张；而观者的想象力也接受了这种如此专横的记忆,清晰地看到了事物在G先生精神上留下的印象。观者在这里是一种总是清晰的、令人陶醉的表达的表达者。

有一种条件使对于外部生活的这种传奇式的表达大大地增强了活力。我想说的是G先生的素描方法。他凭记忆作画,而不是根据模特儿,除非在有些情况下(如克里米亚战争),他必须刻不容缓地迅速地画下来,确定一个主题的基本线条。实际上,一切优秀的、真正的素描家都是根据铭刻在头脑中的形象来作画的,而不是依照实物。如果有人用拉斐尔、华托和其他许多人的精彩速写来反驳我们,我们就说,那的确是很详细的记录,不过仍是纯粹的记录。当一位真正的艺术家最后完成其作品时,模特儿对他更是一种**障碍**,而不是帮助。甚至像杜米埃和G先生这类长期以来就习惯于锻炼记忆和使之充满形象的人,在模特儿及其繁复的细节面前有时也感到他们的主要才能受到扰乱,仿佛瘫痪了一样。

于是,在什么都看见什么都不忘这种愿望和习惯于生动地观察一般色彩、轮廓和外形曲线的记忆能力之间就产生了一种争斗。一位对形式有着完善的感觉但习惯于使用记忆力和想象力的艺术家这时会处在蜂拥而起的细节的包围之中，它们都像一群热爱绝对平等的人一样强烈地要求公平的对待。公正不能不受到侵犯，一切和谐都被破坏了、牺牲了，许多平庸的东西变得硕大无朋，许多卑劣的东西成了僭越者。艺术家越是不偏不倚地注意细节，混乱状态就越发严重。无论他是近视还是远视，一切等级和从属关系都看不见了。这是我们的某个最走红的画家的作品中常常出现的一种意外事故，不过，他的毛病和群众的毛病如此相适应，竟特别地帮他成就了名声。类似的事情也可在演员的艺术实践中看出来，这种如此神秘、如此深刻的艺术今天已跌进颓废的混乱之中了。弗雷德里克·勒迈特先生以天才的雄浑和广阔写出了一个角色，他无论使用了多少闪光之物来表现明亮的细节，他的表现总是综合的，有雕塑感。布菲[1]先生则以近视眼和小职员的琐细来塑造他的角色。在他身上，一切都闪闪发光，但什么也看不见，什么也不想被人记住。

这样，在G先生的创作中就显示出两个东西：

---

1. 布菲（Hugues Marie Désiré Bouffé，1800—1888年），法国演员。

一个是复活的、能引起联想的回忆的集中,这回忆对每一件东西说:"拉撒路出来!"[1] 另一个是一团火,一种铅笔和画笔产生的陶醉,几乎像是一种疯狂。这是一种恐惧,唯恐走得不够快,让幽灵在综合尚未被提炼和抓住的时候就溜掉,这种巨大的恐惧攫住了所有伟大的艺术家,使他们热切地希望掌握一切表现手段,以便精神的秩序永远不因手的迟疑而受到破坏,以便最后使绘制、理想的绘制变得像健康的人吃了晚饭进行消化一样的无意识和流畅。G先生先以铅笔轻轻画出轮廓,差不多只是标出所画之物在空间所占的位置,然后用颜色润出基本的布局,先轻轻着色,成为隐约的大块,随后再重新上色,一次比一次浓重,最后,对象的轮廓终于被墨勾勒出来。除非亲眼看见,人们想不到他用这种如此简单的几乎是最起码的方法竟能得到惊人的效果。这种方法有无与伦比的好处,无论在其进程的哪一点上,每幅画都是充分地完成了的;如果你们愿意,就把它们叫作草稿好了,但那是完美的草稿,各种浓淡色度都是完全和谐的;如果他想将它们更发展

---

1. 见《圣经·约翰福音》中耶稣使已死去四天的拉撒路复活的故事。

一下，它们永远会朝着所希望的完善齐头并进。他就这样怀着动人的、他甚至觉得有趣的活跃和快乐同时画二十幅画，画稿数以十计、百计、千计地堆积着，重叠着。他不时地浏览一下，翻一翻，看一看，然后从中挑出几幅，或多或少地增加一下强度，加上阴影和渐进地增强明亮的部分。

他对背景极为重视，无论是强烈还是轻淡，它们总是具有一种切合形象的素质和特性。色调的变化和整体的协调都严格地合乎法度，其天才与其说出自学习，不如说是出自天性。因为G先生自然地拥有色彩家的这种神秘的才能，这是真正的天赋，学习可以使之增加，但我认为，学习本身是创造不出来的。一言以蔽之，我们的奇特的艺术家既表现了存在物的举止和或庄严或粗鄙的姿态，也表现了他们在空间的光彩夺目的爆发。

六 战争的编年史

保加利亚、土耳其、克里米亚、西班牙，使G先生，或者说使我们约好称为G先生的那位想象的艺术家大饱眼福，因为我不时地想起曾经许诺为使他的谦逊放心就只当他并不存在。我查阅了那些有关东方战争的材料（残骸狼藉的战场、辎重车、牲畜和马匹的装运），那真是直接从生活上移印下来的图画，是珍贵的别致的一种要素，许多有名的画家在同样的场合中是会轻率地忽略过去的；不过，我要把奥拉斯·维尔奈先生从这些画家中排除，他与其说是一位本质的画家，还不如说是一位真正的报人；G先生是一位更细腻的艺术家，跟他有着明显的关系，如果人们愿意只把他当作一位生活的资料员的话。我可以断言，在痛苦的细节上和可怕的规模上表现克里米亚战争这一宏伟史诗，没有任何一份报纸、一篇叙述文、一本书可以和他的画相比。目光依次掠过多瑙河之滨，博斯普鲁斯海峡两岸，刻尔松角，巴拉克拉瓦平原，因克尔曼的田野，英国人、法国人、土耳其人、皮埃蒙特人的营地，君士坦丁堡的街道，医院和一切宗教的及军事的盛典。

在最清晰地铭刻在我的头脑中的那些画中，有一幅叫作《直布罗陀主教为斯库塔里墓地举行祝圣仪式》。场面的生动性在于四周东方的大自然和参加者的西方的姿态和制服之间的对比，这种生动性被以一种动人的、启人联想的、充满梦幻的方式表现了出来。士兵和军官都有着不可泯灭的绅士风度，坚决而含蓄，他们把这种风度带到天涯海角，直到非洲南端殖民地的兵营和印度的机关之中；英国的教士使人隐约想起本来是戴着直筒无边高帽和领巾的执达员或经纪人。

这里我们到了苏姆拉，在奥麦尔—帕夏家里：土耳其式的款待，烟斗和咖啡，所有的来访者都坐在沙发上，把烟斗在唇间放好，烟管长得像吹管，烟锅儿放在脚边。这是《库尔德人在斯库塔里》，这支奇怪的军队的样子令人想到一次蛮族入侵；这是些土耳其非正规军队的士兵，也同样的奇特，他们的军官是欧洲人、匈牙利人或波兰人，其浪荡子的外貌和士兵的怪异的东方特色形成古怪的对比。

我见过一幅绝美的画，上面只有一个人物，肥胖，健壮，神情既是沉思的，又是无忧无虑和大胆的，一双大靴子超过了膝盖，军装上面罩了一件厚厚的、宽大的外套，扣得严严实实。他透过雪茄的烟望着阴森而迷茫的天际，一只受伤的胳膊倚在一条交叉着的领带上。画的下方，我读到这样的铅笔字：Canrobert on the battle field of lnkermann.

Taken on the spot.[1]

这个骑兵是谁？他有着雪白的小胡子，面目画得很重，扬着头，好像在闻着战场的可怕的诗意，而他的马嗅着土地，在堆积的尸体中间寻找着道路，它抬起蹄子，面部抽搐着，姿态很奇特。画的下方一角，可以看到这样的字句：Myself at lnkermann.[2]

我看见巴拉圭-迪里埃[3]先生和统帅一起在贝奇斯塔什检阅炮兵。我很少见过比这更像的、出自一只更大胆更有才智之手的军事肖像画。

一个名字，自叙利亚之祸以来声名狼藉的名字映入我的眼帘：*阿赫麦-帕夏将军在卡拉法特，他和他的参谋部站在隐蔽处前，命人介绍两位欧洲军官。阿赫麦-帕夏尽管大腹便便，其态度中和脸上仍有一种贵族的通常属于统治种族的傲慢神气。*

在这本集子里，巴拉克拉瓦战役以不同的面貌出现过多次。在最惊人的画中，有被女王的诗人阿尔弗莱德·丁尼生的英雄的号角歌颂过的那次历

---

1. 英文，*康罗贝尔在因克尔曼战场上。作于现场*。康罗贝尔（Canrobert，1809—1895年）是法国元帅，在克里米亚战争中任法军统帅。
2. 英文，*我在因克尔曼*。
3. 巴拉圭-迪里埃（Baraguay-d'Hilliers，1795—1878年），法国元帅。

史性的骑兵冲锋：一群骑兵在炮火的浓烟中神速地一直飞奔到天际；背景上，风暴被一线青翠的山丘隔断。

不时地有些宗教画使因所有这些弥漫的硝烟和混乱的屠杀而感到悲伤的眼睛得以休息。在不同部队的英国士兵中间，突然出现了穿裙子的苏格兰人的别致的军装，一个英国国教教士在做安息日弥撒；三面鼓，一个在上，两个在下，充作讲坛。

实际上，单用一支笔很难表达这首用上千幅画作成的如此广阔、如此复杂的诗，很难表现来自这些画中的兴奋；这些画常常是痛苦的，但从来不是泪汪汪的，它们被画在几百张纸上，那上面的污迹和裂口以独特的方式道出了艺术家将他白天的回忆置于其中的纷乱和喧嚣。傍晚，邮差将G先生的说明和画送往伦敦，他常常就这样委托邮局送走临时画在薄型纸上的十多幅速写，而雕刻工和报纸订户正焦急地等待着。

时而出现了野战医院，那里的气氛本身也像是有病的、忧郁的、沉重的，每一张床都容纳着一种痛苦。时而是贝拉医院，我看见一个衣冠不整的访问者正同两个仿佛出自勒絮厄笔下的瘦长、苍白、直挺挺的女护士谈话,这访问者有个古怪的说明:**鄙人**。现在,又是一些牲口、骡子、毛驴或马,在崎岖艰难、布满往日的战斗的残留物的小径上缓缓行走,它们的两肋上挂着两个粗糙的椅子,上面坐着没有人色、动弹不得的伤员。在广阔的雪原上,骆驼挺着威严的胸,高昂着头,由鞑靼人牵着,拖着各种粮秣和装备:这是一个战争的世界,活跃、匆忙、沉默;还有营地、集市,摊着各种货物的样品,这是一种野蛮的、临时的城市。在临时搭起的棚子间,在多石或积雪的道路上,在川流不息的人群中,有好几个国家的制服来来往往,打仗使这些制服多多少少地破烂了,外加的大皮袄和笨重的鞋子也使之走了样子。

这些画现在已散落在好几处,一些珍贵的画幅到了负责翻刻的雕王或《伦敦新闻画报》的编辑手中,很可惜它未曾落到皇帝[1]的眼下。我想他会高兴地、不无柔情地查看他的士兵们的丰功伟绩,从最辉煌的壮举到生活的最平凡的琐事,这只士兵艺术家的手一天一天地将它们详细地表现了出来。

---

1. 指拿破仑三世。

七　隆重典礼和盛大节日

土耳其也向我们亲爱的G先生提供了绝妙的绘画题材：拜兰节无比壮丽辉煌，但是其间出现了已故苏丹的永久的烦闷，有如一个苍白的太阳；文臣列于君王的左侧，武将列于君王的右侧，居首的是赛义德-帕夏，当时正是君士坦丁堡的埃及苏丹；车队和仪仗朝着王宫旁边的小清真寺行进，人群中有土耳其官员，真正的颓废漫画，以其令人惊异的肥胖重重地压在他们华丽的骏马上；巨大而笨重的车子，类似路易十四式的四轮马车，被东方的奇特装饰得流金泛彩，有时从贴在脸上的一块细布留给眼睛的一条狭缝中射出奇怪的女人气的目光；**第三性**（巴尔扎克的怪诞用语用在这里再合适不过；因为在颤抖的光线的闪烁下，在宽大的衣服的摆动下，在脸颊、眼睛和睫毛的火辣辣的化装下，在抽搐的、歇斯底里的动作中，在飘动在腰际的长长的头发中，是很难，且不说不可能，猜出男子特征的）的江湖艺人的狂热舞蹈；最后，风流女人（如果可以对东方使用风流一词的话），一般是由匈牙利人、瓦拉几亚人、犹太人、波兰人、希腊人和亚美尼亚人组成；

因为在一个专制政府的统治下，这都是些被压迫的民族，而且他们是受苦最为深重、向卖淫提供最多的人。这些女人中，有些还穿着民族服装，绣花上衣、短袖、下坠的披肩、肥大的裤子、翘起的拖鞋、带条或饰有金银箔片的平纹细布以及故乡的各种浮华之物；另一些人数最多，她们接受了文明的主要标志，对一个女人来说，就是千篇一律的带衬架支撑的裙子，不过，在她们的打扮中，有的地方还保留着一种对于东方的小小的、有特色的回忆，使她们看起来像是一个想乔装打扮的巴黎女人。

G先生善于画官方场面的豪华、隆重的典礼和民族的盛大节日，他不像那些把这种画当作有利可图的苦差事的画家，以教训的方式画得无动于衷，而是怀着一个热爱空间、远景、一片光明或爆炸的光辉的人所具有的全部热情，并且把军装和官装画得纤毫毕现。《雅典大教堂的独立纪念节》给这种才能提供了一个极有趣的例证。所有那些画得很小的人物都各得其位，使容纳他们的空间变得更为深邃。教堂很大，装饰着庄严的帷幔。奥东王[1]和王后站在

---

1. 指奥东一世（1815—1867年），希腊国王，德国人。

台上，穿着传统服装，他们穿得极其自如，好像是为了证实他们的选择的诚意和最文雅的希腊爱国主义。国王像一个最爱打扮的民兵一样束紧腰身，裙口放大，带着民族浪荡作风的夸张。族长从他们前面走过，那是位缩肩的老人，一把雪白的大胡子，一副绿色的眼镜保护着小小的眼睛，他的全身都显露出一种彻底的东方的冷静。画中的任何人物都是一幅肖像，其中一个最有意思，很古怪，其相貌一点儿也不像希腊人，那是一位德国太太，她站在王后身边，侍候她。

在G先生的画中，人们常常见到法国人的皇帝，他很善于寥寥几笔就勾出一幅万无一失的速写，容貌却也很像，简直像签名时带出花缀一样得心应手。有时是皇帝检阅，策马飞奔，身边是军官们，其相貌很容易辨认，或是外国的亲王，欧洲的、亚洲的或非洲的，可以说，皇帝是在尽地主之谊；有时他骑在马上不动，那马的四蹄就像桌子的四条腿一样稳，左边是皇后，身着戎装，右边是小皇子，头戴有羽饰的帽子，威武地骑在一匹竖起了毛的小马上，那马很像英国艺术家喜欢在风景画中画的那种小型马；有时他消失在布洛涅森林小径上光亮和尘土搅作一团的旋风之中；有时他又在圣安东郊区的一片欢呼声中缓缓地散步。这些水彩画中特别有一幅以其神奇使我赞叹不已。皇后出现在一个豪华奢侈的包厢里，态度安详平静，皇帝微微俯下身来，好像要更清楚地看戏；下面站着两个近卫骑兵，一动不动，威严而近乎呆板，他们闪光的军装与脚灯相映生辉。一排灯光后面，在一种理想的舞台气氛中，演员们和谐地唱着、说着、动作着；另一边是一片朦胧的光海，圆形的空间里塞满了层层的人脸：那是分枝吊灯和观众。

1848年的民众运动、俱乐部和盛大节日也向G先生提供了一系列动人的构图，其中大部分已被《伦敦新闻画报》雕印。几年前，他去过西班牙一次，此行对他的天才来说获益不浅，他回来后也画了一册同样性质的画，我只见过一小部分。他随意把他的画送人或出借，这常常使他蒙受不可弥补的损失。

八　军人

要进一步确定艺术家的主题是什么类型，我们可以说那是生活的盛况，如同它在文明世界的都会中呈现出来的那样，军旅生活的盛况，风雅生活的盛况，爱情生活的盛况。我们的观察家总是准时到达岗位，任何地方，只要那里流动着巨大而强烈的欲望，人心的奥里诺科河[1]，战争，爱情，赌博；任何地方，只要那里跃动着代表幸福与不幸的这些巨大因素的欢乐与想象。但是，他对军人、对士兵表现出很明显的偏爱，我认为这种爱不仅来自一定会从战士的灵魂传到姿态中和脸上的那些美德和才能，而且也来自这种职业赋予他的那种耀眼的装饰。保尔·德·莫莱纳先生写过几页既迷人又合乎情理的文章，谈论军人的风流和各国政府都乐于使其军队穿上的那种明亮闪光的衣服所具有的道德含义。G先生会很乐意在这篇文章上署上他的名字的。

我们已经谈过每个时代的特殊美的习惯方式，我们也注意到每个世纪可以说都有自己的风致。这样的看法也可用于职业，每种职业都从它所遵循的道德原则中抽出它的外部的美。在有些职业中，这种美以刚毅为特征，而在另一些职业中，则可能带有闲适的明显标记。这就仿佛是性格的标志，命运

---

[1] 奥里诺科河（Orinoco），南美洲的第三大河。

的印记。一般地说，军人有他的美，如同浪荡子和风流女人有他们的美一样，但其趣味在本质上是不同的。有些职业，其专一的、猛烈的活动使筋肉变形，使脸上表现出奴役，我避而不谈，这是很自然的。军人对意外之事习以为常，所以很难使他惊讶。因此这里的美的特殊标记是一种雄赳赳的不在意，是一种冷静和大胆的奇特混合，这是一种出自随时准备去死的必要性的美。然而，理想的军人面孔应该表现出一种巨大的单纯，因为士兵像和尚和学生一样过集体生活，一种抽象的父子关系使他们免除日常的衣食之忧，在许多事情上，他们是和孩子一样单纯的；所以，像孩子一样，任务一完成，他们是很容易逗乐的，也容易进行激烈的娱乐。我认为所有这些道德评价都从G先生的速写和水彩画中自然地流露出来，我相信这并非夸大。各式各样的军人典型一应俱全，而且都洋溢着某种热烈的快乐：一位步兵老军官，严肃而忧郁，他的肥胖使他的坐骑大受其苦；参谋部的漂亮军官，腰身紧束，摇晃着肩膀，一点儿也不害羞地朝着太太们的扶手椅弯下身去，从背面看，他让人想到那种最灵活最文雅的无耻之徒；轻步兵和狙击兵，姿态中洋溢着极度的大胆和独立,似乎对个人责任有一种更强烈的感觉;轻骑兵的敏捷而快活的潇洒;特种部队如炮兵和工程兵的隐约带有职业性和技术性的容貌,常为望远镜等不大尚武的器具所证实;没有一种模特儿、一种色调被忽略,它们都被以同样的爱、同样的才智概括和确定下来。

现在我手上正有一幅画,整个画面的确洋溢着英雄气概,表现的是一个步兵纵队的先头部队。也许这些人是从意大利回来,正在林荫道上、群众的欢呼声中稍事休息;也许他们刚在通往伦巴第的路上走了一大截,我不知道。可以看到的、完全可以明白的,是这些饱经日晒、风吹和雨打的面孔就是在平静中也表现出坚决和勇敢的性格。

这正是服从和共同经受的痛苦产生的共同表情,经过长期困乏考验的勇气的一种顺从的神态。卷起的长裤掖在护腿套中,帽子沾满了尘土,有些褪色,总之,全部装备都有着那种来自远方并且经历过奇特的冒险的人所有的不可磨灭的模样。仿佛比起其他人来,这些人的腰挺得更结实,脚站得更稳,身子也更直。夏莱一直在寻求这种类型的美,也常常找得到,如果他看见这幅素描,肯定会大吃一惊的。

九　浪荡子

一个人有钱、有闲,甚至对什么都厌倦,除了追逐幸福之外别无他事;一个人在奢华中长大,从小就习惯于他人的服从,总之,一个人除高雅之外别无其他主张,他就将无时不有一个出众的、完全特殊的面貌。浪荡作风是一种朦胧的惯例,和决斗一样古怪;也是一种很古老的惯例,因为恺撒、卡提里纳[1]、阿西比亚德[2]都向我们提供了许多著例;也是一种很普遍的惯例,因为夏多布里昂在新大陆的森林和湖畔发现了它。浪荡作风是法律之外的一种惯例,它有自己严格的法规,它的一切臣民无论其性格多么狂暴独立都恪守不渝。

英国小说家比别人更用心培植high life[3]小说,而法国人,例如德·居斯蒂纳先生,则特别地愿写爱情小说,他们首先很明智地使主人公有巨大的财产,足以毫不迟疑地满足其各种非非之想,然后再将其分散在各种职业中。这种人只在自己身上培植

---

1. 卡提里纳(Lucius Sergusi Catilina,约前108—前62年),罗马政治家。
2. 阿西比亚德(Alcibiade,约前450—前404年),古希腊将军、政治家。
3. 英文,上流生活。

美的观念，满足情欲、感觉以及思想，除此没有别的营生。这样，他们就随意地并且在很大程度上拥有时间和金钱，舍此，处于短暂梦幻状态的非非之想几乎是不能付诸行动的。不幸，真实的情况是，没有闲暇和金钱，爱情就只能是平民的狂欢或夫妇义务的履行，它成了一种令人厌恶的**用途**而非一种热烈的或梦幻的心血来潮。

如果我说到浪荡作风时谈论爱情，这是因为爱情是游手好闲者的天然的事情；然而，浪荡子并不把爱情当作特别的目标来追求。如果我谈到金钱，那是因为金钱对于崇拜他们的情欲的人来说是必不可少的；然而浪荡子并不把金钱当作本质的东西来向往，一笔不定期的借款于他足矣，他把这种粗鄙的情欲留给凡夫俗子了。浪荡作风甚至不像许多头脑简单的人以为的那样，是一种对于衣着和物质讲究的过分的爱好。对于彻头彻尾的浪荡子来说，这些东西不过是他的精神的贵族式优越的一种象征罢了。他首先喜爱的是**与众不同**，所以，在他看来，衣着的完美在于绝对的简单，而实际上，绝对的简单正是与众不同的最好方式。那么，这种成为教条、造就了具有支配力的信徒的情欲，这种不成文的、形成了如此傲慢的集团的惯例，究竟是什么呢？这首先是包容在习俗的外部限制之中的、使自己成为独特之人的热切需要。这是一种自我崇拜，它可以在于他人身上（例如于女人身上）追求幸福之后继续存在，它甚至可以在人们称之为幻想的东西消失之后继续存在。这是使别人惊讶的愉快，是对自己从来也不惊讶的骄傲的满足。一个浪荡子可以是一个厌倦的人，也可以是一个痛苦的人，然而在后一种情况下，他要像拉栖第梦人[1]那样在狐狸的噬咬下微笑。

可以看出，浪荡作风在某些方面接近唯灵论和斯多葛主义，但是，一个浪荡子绝不能是一个粗俗的人。如果他犯了罪，他也许不会堕落；然而假使这罪出于庸俗的原因，那么丢脸就无可挽回了。请读者不要对轻浮的这种危险性感到愤慨，请记住在任何疯狂中都有一种崇高，在任何极端中都有一种力量。奇怪的唯灵论！对于既是教士又是牺牲品的那些人来说，他们所服从的所有那些复杂的物质条件，从白天黑夜每时每刻都无可指摘的衣着到最惊

---

1. 拉栖第梦人（Lacédémonien），即斯巴达人，素以坚忍刚毅著称。

险的体育运动技巧，都不过是一种强化意志制服灵魂的锻炼而已。事实上，我把浪荡作风看作一种宗教，这并非全无道理。最严厉的修道戒律，命令入迷的信徒自杀的那位山中老人[1]的不可违抗的命令，并不比高雅和独特这种教条更专横、更得到服从。这种教条也强加给它的野心勃勃或谦卑的信徒（这些人往往充满了狂热、情欲、勇气和克制的精力）可怕的箴言：perinde ac cadaver！[2]

这些人被称作雅士、不相信派、漂亮哥儿、花花公子或浪荡子，他们同出一源，都具有同一种反对和造反的特点，都代表着人类骄傲中所包含的最优秀成分，代表着今日之人所罕有的那种反对和清除平庸的需要。浪荡子身上的那种挑衅的、高傲的宗派态度即由此而来，此种态度即便冷淡也是咄咄逼人的。浪荡作风特别出现在过渡的时代，其时民主尚未成为万能，贵族只是部分地衰弱和堕落。在这种时代的混乱之中，有些人失去了社会地位，感到厌倦，无所事事，但他们都富有天生的力量，他

---

1. 波德莱尔在《人造天堂》一文中谈到一山中老人用大麻叶使信徒进入迷醉状态，从而得到消极的、不假思索的服从。
2. 拉丁文，像死尸一样。

们能够设想出创立一种新型贵族的计划,这种贵族难以消灭,因为他们这一种类将建立在最珍贵、最难以摧毁的能力之上,建立在劳动和金钱所不能给予的天赋之上。浪荡作风是英雄主义在颓废之中的最后一次闪光,旅游者在北美洲发现的浪荡子典型丝毫也削弱不了上述观念的价值,因为我们称为野蛮人的那些部落可能是已经消失的文明的残余,什么也不能阻止我们这样设想。浪荡作风是一轮落日,有如沉落的星辰,壮丽辉煌,没有热力,充满了忧郁。然而,唉!民主的汹涌潮水漫及一切,荡平一切,日渐淹没着这些人类骄傲的最后代表者,让遗忘的浪涛打在这些神奇的侏儒的足迹上。浪荡子在我们中间是越来越少了,而在我们的邻居那里,在英国,社会状况和宪法(真正的宪法,通过习俗体现的宪法)还将长久地给谢立丹[1]、布鲁梅尔[2]和拜伦的继承者留有一席地位,假使还有名副其实的继承者的话。

事实上,读者可能觉得是一种倒退的东西并不是倒退。在很多情况下,一个艺术家的画所流露出

---

1. 谢立丹(R.B.B. Sheridan,1751—1816年),英国剧作家。
2. 布鲁梅尔(George Bryan Brumell,1778—1840年),英国著名浪荡子。

来的道德上的评价和梦幻也是一个批评家所能做出的最好解说。启发是母题的一部分，把这些启发逐一显露出来，人们就可猜出母题。G先生在把他的一个浪荡子用铅笔画在纸上的时候，给予他历史的甚至是传说的性格，这难道还需要我说吗？难道我敢说这不是现时的以及这些东西一般人都认为是闹着玩儿的吗？当我们的目光发现了这样的一个人，在他身上俏皮和可怕神秘地融为一体，正是他的举止的轻浮，待人接物的信心，支配神气中的单纯，穿衣骑马的方式，平静却显示出力量的姿态使我们想到："这也许是个有钱的人，但更保险的，这是一个无所事事的赫丘利。"

浪荡子的美的特性尤其在于冷漠的神气，它来自决不受感动这个不可动摇的决心，可以说这是一股让人猜得出的潜在的火，它不能也不愿放射出光芒。这正是在这些形象中完美地表现出来的东西。

一〇 女人

这种人，对大多数男子来说，是最强烈甚至（我们说出来，让哲学的快感感到羞耻吧！）是最持久的快乐的源泉；这种人，人们的一切努力都向着她或是为了她，这种像上帝一样可怕的、不能沟通的人（区别是，无限之不能沟通，是因为它蒙蔽和压垮了有限，而我们所说的这种人之不可理解，可能只是因为跟她没有什么可以沟通的）；这种人，约瑟夫·德·迈斯特看作是**一头美丽的野兽**，其风度使人愉快，使政治的严肃把戏更为易行；财富为之或因之而聚散；艺术家和诗人为之尤其是因之而做成他们最精妙的首饰；她身上产生出最刺激神经的快乐和最深刻的痛苦；一句话，女人，对于艺术家来说，具体地说，对G先生来说，她并不是男性的反面。更确切地说，那是一种神明、一颗星辰，支配着男性头脑的一切观念；是大自然凝聚在一个人身上的一切优美的一面镜子；是生活的图景能够向观照者提供的欣赏对象和最强烈的好奇的对象。那是一种偶像，可能是愚蠢的，但是炫目、迷人，使命运和意志都悬在她的眼前。我认为这不是四肢适得其所、提供了和谐的完美例证的一头野兽，甚至也不是雕塑家在最严肃的沉思中所能梦想的纯粹美的典型。不，这些都不足以解释她所具有的神秘而复杂的魔力。这里温克尔曼和拉斐尔对我们没有用，我确信，如果G先生失去了一个品味雷诺兹或劳伦斯的肖像画的机会的话，他也会忽略古代雕像的一部分的，尽管他才智过人（这样说与他并无妨害）。装饰着女人的一切，突出她的美的一切，都是她自身的一部分；而专门致力于研究这种谜一样的造物的艺术家也像迷恋女人本身一样地迷恋mundus muliebris[1]。女人大概是一片光明，一道目光，幸福的一张请柬，有时是一句话；但她尤其是一种普遍的和谐，这不仅见于她的风度和四肢的运动，而且见于细布、薄纱和裹着她的宽大闪动的衣料之中，那仿佛是她的神性的标志和台座；也见于盘绕在她臂上和颈上的金属和矿物，它们或是使她的目光之火增添了光彩，或是在她的耳畔温柔地叽叽喳喳。哪一个诗人敢于在描绘因美人出现而引起的快乐时把女人和她的服饰分开？哪一个男子在街上、剧院、森林中不曾最无邪地享受过巧妙地组成的装束的快乐，不曾带走装束的主人的美的一个不可分割的形象并把两者——女人及其衣裙——当作不可分的整体？我觉得，这里正是回到有关流行服饰和首饰的

---

1. 拉丁文，女人的装饰。

某些问题的地方，我在本文开头时仅略有涉及，也是为服装艺术报仇，反驳大自然的某些十分暧昧的爱好者加于它的荒谬诬蔑的地方。

一 赞化妆

有一首歌，它是那样的平庸荒唐，令一篇有几分自命严肃的文章几乎不能引用，但它却以一种滑稽歌舞剧作者的风格很好地表达了不思想的人的美学。**自然美化了美！** 可以推测，**诗人如果能说法语的话，就会说：单纯美化了美！** 这等于下面这个真理，其类型完全在意料之外：**无美化了有。**

大部分关于美的错误产生于18世纪关于道德的错误观念。那时，自然被当作一切可能的善和美的源泉和典型。对于这个时代的普遍的盲目来说，否认原罪起了不小的作用。如果我们同意参考一下明显的事实，各时代的经验和《论坛报》，我们就会看到自然不教什么，或者几乎不教什么，也就是说，它强迫人睡眠饮食以及好歹免受敌对的环境的危害，它也促使人去杀同类、吃同类，并且监禁之、折磨之；因为一旦我们走出必要和需要的范围而进入奢侈和享乐的范围，我们就会看到自然只能劝人犯罪。正是这个万无一失的自然造出了杀害父母的人和吃人肉的人，以及千百种其他十恶不赦的事情，羞耻心和敏感使我们不能道其名。是哲学（我说的是好的哲学），是宗教命令我们赡养贫穷和残废的父母；自然（它不是别的东西，正是我们的利益的呼声）却要我们把他们打死。看一看、分析一下所有的自然的东西以及纯粹的自然人的所有行动和欲望吧，你们除了可怕的东西之外什么也发现不了。一切美的、高贵的东西都是理性和算计的产物。罪恶的滋味人类动物在娘肚子里就尝到了，它源于自然；道德恰恰相反，是人为的、超自然的，因为在任何时代、任何民族中，都必须有神祇和预言家教给兽化的人以道德，人自己是发现不了的。恶不劳而成，是自然的、前定的；而善则总是一种艺术的产物。我把自然说成是道德方面的坏顾问，把理性说成是真正的赎罪者和改革者，所有这一切都可搬到美的范围中去。这引导我把首饰看作是人类灵魂的原始高贵性的一种标志。被我们的混乱而堕落的文明带着十分可笑的傲慢和自命不凡当作野蛮人对待的那些民族也像儿童一样，能够理解服饰的高度精神性。

野蛮人和婴儿天生地向往着明亮的东西，五颜六色的羽毛、闪色的布料以及人为的形式的极度庄重，这表现出他们对实在事物的厌恶，也不自觉地证明了他们的灵魂的非物质性。让那些像路易十五（他不是真正的文明的产物，而是野蛮复现的产物）的人倒霉吧，他们居然堕落到了只能欣赏*自然的单纯*[1]的程度！

因此，时装式样应该被看作是理想的趣味的一种征象，这种理想在人的头脑中飘浮在自然的生活所积聚的一切粗俗、平庸、邪恶的东西之上，应该被看作是自然的一种崇高的歪曲，或更确切地说，应该被看作是改良自然的一种不断的、持续的尝试。所以，人们曾经合乎情理地指出，所有的时装样式都是迷人的，就是说，相对而言是迷人的，每一种都是一种朝着美的或多或少成功的努力，是一种对于理想的某种接近，对这种理想的向往使人的不满足的精神感到微微发痒。但是，假使人们想很好地领略一番的话，那就不应该把时装看作死的东西，

---

1. 人们知道，杜巴里夫人不想接待国王的时候，就搽胭脂。这是一个足够的标志。她就这样关上了自己的大门。她用美化自己吓退了信奉自然的君王。——原注

否则就跟欣赏挂在旧货商的柜子里像圣巴泰勒米的皮肤一样松弛、没有生气的破衣服没什么两样了。应该想象穿着它们的美丽女人给了它们活力和生气。唯其如此，人们才能理解其意义和精神。如果你们觉得"所有的时装样式都是迷人的"这一警句过于绝对而感到不快，那你们就说"所有的时装样式都理所当然是迷人的"吧，你们肯定是没有错的。

一个女人完全有权利一心一意要显得神奇和超自然，她这样做甚至是履行了某种义务。她应该惊人，应该迷人。作为偶像，她应该包上金子让人崇拜。因此，她应该向各种艺术借用使自己超越自然的手段，以便更好地征服人心和震惊精神。如果成功是肯定的，效果是不可抗拒的，那么诡计和手法尽人皆知也没有什么关系。从以上的论述中，哲学的艺术家将不难发现，各个时代的女人为了巩固和神化（姑且这样说）她们的脆弱的美而运用的各种做法都是合理的。其例不胜枚举，但是，我们且只说说我们的时代庸俗地称为化妆的这件事吧。使用香粉搽面，这曾遭到天真的哲学家们如此愚蠢的咒骂，使用的目的和效果在于使自然过度地洒在脸上的各种斑点消失，在痣和皮肤颜色之间创造出一种抽象的协调，这种协调和紧身衣产生的协调是一样的，这就立刻使人接近了雕像，也就是说，接近了一种神圣的、高级的生命，这谁看不到呢？至于说人为地把眼圈涂黑，把两颊的上部搽上胭脂，尽管其使用出于同一原则，出于超越自然的需要，但效果却是为了满足一种完全相反的需要。红和黑代表着生命，一种超自然的、非常的生命，那个黑圈使目光更深邃更奇特，使眼睛看起来更像朝着无限洞开的窗户；红则使颧颊发亮，更增强了瞳仁的明亮，给一个女性的美丽面孔增添了女祭司的神秘情欲。

因此，请听明白，在脸上涂脂抹粉不应该用于模仿美的自然和与青春争高低这种庸俗的、不可告人的目的。再说人们已经注意到，打扮并不能美化丑陋，而只能为美所用。谁还敢赋予艺术模仿自然这种没有结果的功能？化妆无须隐藏，无须设法不让人猜出，相反，它可以炫耀，如果不能做作，至少可以带着某种天真。

对于那些人，我很乐意允许他们笨拙的严肃阻止他们在最细微的表现中寻找美，允许他们取笑我的思索以及指责这些思索具有一种幼稚的庄重，他们的严厉的评断动不了我一根毫毛。我只想把他们叫到真正的艺术家身旁，也叫到那些女人身旁，她们一生下来就接受了那圣火的火星，她们愿意全身被这圣火照亮。

一二　女人和姑娘

这样，G先生就把在现代性中寻找和解释美作为自己的任务，心甘情愿地去描绘花枝招展的、通过各种人为的夸张来美化自己的女人，不管她们属于社会的哪个阶层。不过，如同在熙熙攘攘的人生中一样，在他的作品中，不管人物的外表多么奢华，其集团和种族的差异观众一望便知。

有时是一些上流社会的年轻姑娘，她们坐在包厢里，就像肖像画嵌在画框中，光彩夺目，剧场中漫射的光照在她们的眼睛里、首饰上和肩头，又反射回来。她们有的庄重严肃，有的一头金黄色的头发、漫不经心，有的带着一种贵族的无忧无虑展示出早熟的胸脯，有的则天真地袒露出男孩似的乳房。她们用扇子遮住牙齿，目光茫然或专注，她们像装作在听话剧或歌剧一样做作和一本正经。

有时，我们看到一些文雅的家庭在公园的小径上懒洋洋地散步，女人神情安详地拖在丈夫的手臂上，后者庄重满意的神气说明他已发家致富，颇为自得。这里，豪华的外表取代了高贵的优雅。瘦削的小女孩穿着肥大的裙子，举止风度活像小女人，她们跳绳、滚铁环，或是在露天里相互拜访，重复着父母在家里演出的喜剧。

一些从下层社会浮上来的小剧场的姑娘，因终于出现在脚灯的光亮之中而感到自豪，她们苗条、纤弱，还在少年，用处女的病态的身躯抖动着荒唐的戏装，那戏装不属于任何时代，却成为她们快乐的源泉。

在一间咖啡馆门口，从前后照得雪亮的窗户上，靠着一个大傻瓜，他的风雅全靠裁缝和理发师；他的情妇坐在他身边，脚放在那个不可少的小凳上，这个下流女人要说像个贵妇可几乎什么也不缺（这个几乎什么也不缺，就是几乎有一切，这就是高雅啊）。像她那漂亮的伴侣一样，她的小嘴也被一支不成比例的雪茄占满了。这两个人什么也不想。但是能肯定他们在看什么吗？除非这两个愚蠢的那喀索斯观望人群就像看着一条映出他们的面影的河一样。实际上，他们存在着与其说是为了观察者的乐趣，还不如说是为了自己的乐趣。

现在，瓦朗蒂诺、卡西诺、普拉多（过去的提沃里、意达里、佛里、帕佛）打开了充满了光和动的长廊，在这些乱糟糟的地方，游手好闲的青年人可以大显身手。一些女人很排场地让裙子的后摆和披肩的尖端拖过地面，她们把时装夸张到败坏其风致的程度，也因此破坏了时装的意图。她们走来走去，睁开一双动物似的惊奇的眼睛，装作什么都不在眼里，其实却什么也没有放过。

在极其明亮的背景上，或者在北极光的背景上，红色的、橙色的、硫色的、粉红的（粉红透露出一种陶醉于轻薄的观念），有时是紫色的（修女喜爱的颜色，在天蓝色帷幔后面的熄灭的火炭），在这种神奇的、以不同的方式模仿着孟加拉的炎热的背景上，升起了可疑的美的千变万化的形象。这里是威严的，那里又是轻浮的；时而苗条，甚至纤细，时而庞大；时而小巧，闪闪发光；时而笨重，硕大无朋。它创造了一种挑衅式的野蛮的优雅，或者说它多少成功地追求着一种在更高级的社会阶层中流行的单纯。它前进着，轻轻掠过，跳着舞，穿着绣花的裙子滚动着，那裙子既是它的台座又是它的平衡器。它戴着帽子，凝目而视，活像画框中一幅肖像。它很好地体现了文明中的野蛮。它有它的来自恶的美，总是没有灵性，但有时却有一种装作忧郁的疲倦的色彩。它望着天际，像是一头猛兽，有着同它一样的迷惘，一样无精打采的分神，有时也有着一样的神情的专注。这是一种在规矩社会的边缘流浪的放荡不羁的人，他的一生是诡计和战斗的一生，其平庸势必要从华丽的外表下面表现出来。人们可以恰当地把不可模仿的大师拉布吕耶尔的这些话用在他的身上："在某些女人身上有一种人为的高贵，它取决于眼睛的活动、神情及走路的姿态，但它行之不远，仅此而已。"

在某种程度上，对交际花的看法可以用于女演员，因为她也是一种炫耀的造物，是公共快乐的对象；但在后者，征服和猎获具有一种更高贵、更属精神的性质。她要获得普遍的宠爱，不仅要凭借纯粹的肉体美，而且要凭借一种最为罕有的才能。如果说女演员在一方面接近交际花，她在另一方面却也接近诗人。我们不要忘记，除了自然美甚至人工美之外，每个人都有一种职业的习惯，有一种特性，这种特性可以表现为肉体的丑，但也可以表现为某种职业的美。

在这个伦敦生活和巴黎生活的巨大画廊里,我们遇见了浪荡的女人和各阶层的反抗的女人的不同典型。首先是妓女,她在年华初放的时候,追求贵族气派,以青春和奢华自豪,她用尽了全部才能和心思,用两个手指轻轻地提起飘动在她四周的缎、绸或绒的宽大衣摆,向前迈出她的失足,那双鞋装饰得过分,要不是整个装束稍许有些夸张的话,真足以泄露她的身份。沿着阶梯而下,我们来到被禁锢在下流场所的那些奴隶身边,那些场所常被装点成咖啡馆的样子,不幸的女人们被置于最悭吝的监护之下,她们自己一无所有,甚至被当作美的调味品的那些古怪的首饰也不归她们所有。

在这些人中,有一些是无邪的、畸形的自命不凡的榜样,她们的头脑和大胆抬起的目光中有着明显的生存(实际上那是为了什么呢?)的幸福。有时候她们不经寻找就发现了大胆和高贵的姿势,这种姿势会使最挑剔的雕塑家喜出望外,假使现代的雕塑家有勇气、有才智在各处甚至在泥淖中搜罗高贵的话;有时候她们则陷入绝望,神情沮丧,像醉鬼一样无精打采,显出一种男性的厚颜无耻,用抽烟消磨时光，怀着东方命定论的顺从。她们躺卧在沙发上，裙子前后弯成两个扇形，或者坐在椅子上，脚搭在小凳上；笨重、郁闷、乖戾，眼圈因烧酒而发黑，前额因固执而鼓起。我们下到螺旋形楼梯的最下一层，直到拉丁讽刺诗人[1]所说的foemina simplex[2]。我们立刻看到，在酒气和烟雾交织一片的背景上，呈现出了因肺痨而发红的干瘪的皮肉，或者脂肪积蓄而成的圆滚滚的躯体，这种懒散的丑恶的健康。在一个烟雾腾腾、金光闪闪、肯定缺乏贞洁的混乱地方，一些令人毛骨悚然的美女和活玩偶在骚动、在抽搐，她们孩子般的眼睛中射出阴森可怖的光；然而，在摆满酒瓶的柜台后面有一个趾高气扬的悍妇，头上包着肮脏的头巾，那魔鬼似的尖儿把阴影投在墙上，使人想到一切奉献给恶的东西都肯定是长角的。

实际上，我不是为了讨好读者更不是为了得罪读者才在他们面前展示这些形象的，无论是哪一种情况，对读者来说都是有失恭敬；使这些形象珍贵并且神圣化的，是它们产生的无数的思想，这些思

---

1. 指拉丁讽刺诗人尤维纳利斯（Juvenal，约公元60—约140年）。
2. 拉丁文，*孤独的女人*。

想一般地说是严峻的、阴郁的。但是，如果偶尔有个冒失的人试图在G先生的这些分散得几乎到处都是的作品中寻找机会来满足一种不健康的好奇心，那我要预先好心地告诉他，他在其中找不到什么可以激起病态想象力的东西。他只会遇到不可避免的罪孽，也就是说，隐藏在黑暗中的魔鬼的目光或在煤气灯下闪光的梅萨利纳[1]的肩膀；他只会遇到纯粹的艺术，也就是说，恶的特殊美，丑恶中的美。顺便再说一遍，从这大杂烩中产生出来的一般感觉甚至包含着比滑稽更多的忧郁。使这些形象具有特殊美的，是它们的道德的丰富性。它们富于启发性，不过是残酷的、粗暴的启发性，我的笔虽然习惯于和造型的表现搏斗，可能也表达得不够。

一三 车马

这样，虽有无数的分岔阻断，high life and low life[2] 的这些长长的画廊仍旧继续着。让我们迁移到另一个世界去一会儿吧，它即使不纯洁，至少也是

---

1. 梅萨利纳（Messaline），罗马皇后，死于公元48年，以淫荡著称。
2. 英文，上流生活和贫苦生活。

更讲究的；让我们呼吸些香气吧，它也许不是更有益于健康，但它更精致。我已经说过，G先生的画笔像欧仁·拉米的一样，非常适于表现浪荡作风的排场和花花公子习气的风雅。他对富人的姿态很熟悉，他可以轻轻一笔就万无一失地表现出目光、举止和姿势的坚定，在有特权的人中，这种坚定是来自幸福中的单调。这一系列特殊的画在千百种面貌下再现了运动、跑马、打猎、林中散步诸事，傲慢的ladies[1]，纤弱的misses[2]，她们用一只手稳稳地牵着骏马，这些马线条纯净，令人赞叹，也像女人一样妖艳、炫目、任性。因为G先生不仅熟知一般的马，也成功地致力于表现马的有个性的美。时而是暂时的休息，也可以说是许多车子安营扎寨，一些身段苗条的年轻人和穿着时令允许的奇装异服的女人坐在垫子上、座位上、公共马车上观看远处的赛马；时而一个骑马的人在一辆敞篷四轮马车旁优雅地飞奔，他的马腾跃起来，像是在以自己的方式致敬。车子在明暗掩映的小径上一溜儿小跑，仰卧的美人像躺在小船里，神情怠惰，她们模模糊糊地听

---

1. 英文，贵妇。
2. 英文，小姐。

着落进耳中的甜言蜜语,懒洋洋地兜着风。

毛皮或细布衣服一直拥到下颏,像浪花一样从车门上方涌出来。仆人们僵硬笔直,死气沉沉,千人一面,总是那种单调的、没有特点的人头像,满脸奴性,又守时又守纪律,他们的特点就是一点儿特点也没有。背景上,是树林,翠绿或发红,尘土飞扬或暗淡无光,依时间和季节而定。他画的退隐地充满了秋雾、蓝影、黄光和霞光,或者一道薄光像剑一样劈开黑暗。

如果有关东方战争的无数水彩画还没有向我们展示出G先生作为风景画家的力量,那上述这些画肯定足够了。不过这里不再是克里米亚被蹂躏的土地,也不再是博斯普鲁斯海峡的戏剧性的海岸了。我们又见到那些熟悉亲切的风景了,它们成了一座大城市四围的装饰,光线产生的效果是一个真正浪漫派的艺术家所不能轻视的。

还有一个在此指出并非无用的优点,那就是熟知马具和车具。G先生画各式各样的车,就像一位完美的海景画家画各式各样的船一样细致和得心应手。他画的车具完全是正规的,所有部件均各得其位,无须修正。不管处于什么态势,不管跑得多么快，一辆车和一条船一样，从运动中获得一种神秘而复杂的风致，那是很难速记下来的。艺术家的眼睛所得到的愉快似乎来自船或车这种已经如此复杂的东西在空中依次地、迅速地产生出来的几何图形。

我们肯定可以打赌，用不了几年，G先生的画就会成为文明生活的珍贵档案。他的作品将为收藏家所寻求，就像德比古、莫罗、圣多班、卡勒、维尔奈、拉米、德维里亚、加瓦尔尼以及所有杰出艺术家的作品一样，他们虽然只画了些通俗的和漂亮的东西，也同样以各自的方式成为严肃的历史学家。他们中有好几位甚至为漂亮的东西牺牲得过多，有时在作品中引入一种与主题不合的古典风格；有好几位有意地磨光了棱角，铲平了生活的不平，减弱了那些闪烁的光亮。G先生不如他们灵巧，但他保留了一种属于他自己的长处：他心甘情愿地履行了一种为其他艺术家所不齿的职能，而这种职能尤其是应由一个上等人来履行的。他到处寻找现实生活的短暂的、瞬间的美，寻找读者允许我们称之为**现代性**的特点。他常常是古怪的、狂暴的、过分的，但他总是充满诗意的，他知道如何把生命之酒的苦涩或醉人的滋味凝聚在他的画中。

⇥ 欧仁·德拉克洛瓦的作品和生平*

致《国民舆论》主编

先生：

我想再一次、最后一次向欧仁·德拉克洛瓦的天才致敬，我请求您在您的报纸上刊登这几页文章，我将尽可能简短地囊括他的才能的历史和他的优势的原因，据我看，他的才能和优势还没有得到充分的承认，最后，还有几个故事以及关于他的生活和性格的一些评论。

我有幸很年轻的时候（就我记忆所及，是从1845年起）就和杰出的死者相识，在我们的关系中，我这方面的尊敬和他那方面的宽容并不排斥相互之

---

* 本文最初发表于1863年9月2日，11月14日、22日。

间的信任和亲近。我从这种关系中可以随意汲取最准确的概念，不仅关于他的方法，而且关于他的伟大灵魂的最隐秘的素质。

先生，您不会看到我在这里对德拉克洛瓦的作品进行详细的分析。除非我们每个人都根据自己的力量，并且随着伟大的画家向公众展示他的思想的接二连三的伟绩来进行分析，否则，那账单就太长了，哪怕只给每一件重要作品几行字，这样的分析也会塞满一本书的。

他的不朽的巨作分布在国民议会的国王大厅、国民议会图书馆、卢森堡宫图书馆、卢浮宫的阿波罗画廊和市政厅的和平大厅里。这些装饰包含着众多的讽喻的、宗教的和历史的主题，都属于智力的最高贵的领域。至于他的所谓小幅的画、画稿、灰色单色画、水彩画，等等，总数大概有二百三十六幅。

在不同的沙龙中展出的表现重大主题的画有七十七幅之多，我是从泰奥菲尔·西尔维斯特[1]先生的一份目录中得出这些数目的，这份目录被置于他的

---

1. 泰奥菲尔·西尔维斯特（Théophile Silvestre，1823—1876年），法国艺术史家。

题为《活着的画家的历史》那本书中有关欧仁·德拉克洛瓦的极好的注释之后。

我自己也曾不止一次地试图列出这份巨大的目录，但是我的耐心被那难以相信的多产打得粉碎，我于是不再坚持，放弃了。如果泰奥菲尔·西尔维斯特先生有错误，那他只能是错在列得少了。

先生，我认为这里重要的只是探索德拉克洛瓦的天才的特性并试着确定其特点，探索他在与他的那些杰出的先行者平分秋色的同时又在什么地方有别于他们，最后，尽写下的言语之可能指出神奇的艺术，他靠着这种艺术能够用比同行的任何创造者的造型形象更生动、更近似的造型形象来表现**言语**，一句话，上帝在绘画的历史发展中赋予了欧仁·德拉克洛瓦什么样的**特长**。

一

德拉克洛瓦是何许人也？他在这个世界上的作用和责任是什么？这是需要研究的第一个问题。我将是简短的，我希望立刻做出结论。弗朗德勒有鲁本斯，意大利有拉斐尔和委罗内塞，而法国有勒布仑、大卫和德拉克洛瓦。

一个肤浅的人初看之下，会因把这几个姓氏连在一起而感到不快，因为它们所代表的素质和方法是如此不同；然而一双更为专心的聪明的眼睛会立刻看出，他们之间有一种共同的亲缘关系，有一种源自他们对崇高、民族、巨大和普遍的爱的手足之情或类似之处，这种爱总是在所谓装饰性绘画或宏伟的巨制中得以表现的。

无疑，其他许多人也画过宏伟的巨制，但是我提到的这些人是以一种最适于在人类记忆中留下永久的痕迹的方式画出的。在这些如此不同的伟人中谁最伟大？人人都可以根据自己的意愿做出决定，他的气质驱使他偏爱鲁本斯的多产的、辉煌的、几乎是快活的丰腴，拉斐尔的温柔的庄严和协调的秩序，委罗内塞的天堂一般的、仿佛午后的色彩，大卫的朴实而紧张的严肃，或者勒布仑的戏剧的、近乎文学的饶舌。

这几个人中的任何一位都是不可替代的，为了一个类似的目标，他们运用了出自他们的个性的不同的手段。德拉克洛瓦最晚出，他怀着一种令人赞叹的强烈和热忱表现了他们仅仅以一种必定是不完全的方式所表达的东西。他或许也像他们一样损害了另外一些东西？这是可能的，不过这不是需要研究的问题。

在我之外，已经有许多人想到强调一个本质上是个人的天才所具有的宿命的后果了；无论如何，在纯洁的天上之外，也就是说在连完美本身都是不完善的可怜的地上，天才的最美的表现只能以一种不可避免的牺牲为代价来获得。

然而说到底，先生，您大概会问，德拉克洛瓦比任何人都表达得好而为我们的世纪争了光的那种我也弄不清楚的神秘的东西究竟是什么？那是不可见的东西，是不可触知的东西，是梦幻，是神经，是**灵魂**；请注意，先生，他靠的是轮廓和色彩，此外别无其他手段；他做得比任何人都好；他有着熟练的画家的完美，敏锐的作家的严格，热情的音乐家的雄辩。此外，这也是对我们的世纪的精神状态的一种诊断，即各门艺术如果不是渴望着彼此替代的话，至少也是渴望着彼此借用新的力量。

德拉克洛瓦是所有画家中最富**暗示性**的一个，他的作品，即便选自二流和末流者，也让人想得最多，在记忆中唤起最多的诗的感情和思想，人们还以为这些已被体验过的感情和思想永久地埋藏在过去的黑夜之中了呢。

有时候,我觉得德拉克洛瓦的作品像是普遍的人所具有的崇高和原初的激情的一种记忆术。德拉克洛瓦先生的这个很独特并且全新的长处使他能够仅凭着轮廓就表现出人的动作,不管它是多么狂暴,仅凭着色彩就表现出人们可以称之为人类悲剧的气氛或者创造者的精神状态的那种东西——这个完全独特的长处永远把诗人们的同情维系在他的周围;而且,如果可以从一种纯粹的物质表现中引出一种哲学的检验的话,那么我请先生注意,在跑去向他致以最崇高的敬礼的人群中,人们可以看到文学家远远多于画家。说句赤裸裸的真话,后者从来也不曾完全地理解他。

二

说到底,这有什么可奇怪的呢?难道我们不知道米开朗琪罗、拉斐尔、莱奥纳多·达·芬奇,甚至雷诺兹们的时代早已过去了吗?难道我们不知道艺术家们一般的智力水平出奇地下降了吗?在当今的艺术家中寻找哲学家、诗人和学者，这无疑是不对的，但是要求他们对宗教、诗和科学稍稍更感兴趣一些，则是正当的。

出了画室，他们还知道什么？他们还爱什么，表现什么？而欧仁·德拉克洛瓦既是一位热爱他的职业的画家，又是一个受过全面教育的人；相反，大部分现代画家差不多只是些或有名或无名的拙劣画家，或年老或年轻的可悲的专家，他们是纯粹的画匠，有些会画学院派的人像，有些会画花果，另一些则会画动物。

欧仁·德拉克洛瓦什么都爱，什么都会画，什么类型的才能都会体味。这是向着一切民族、一切印象最为开放的精神，兴趣最广泛、最公平的享乐者。

他读书极多，这自不待言。阅读诗人的作品在他身上留下了崇高的、迅速确定了的形象，可以说，留下了已经完成的画。无论他在方法、色彩上和他的老师盖兰有多大区别，他还是从共和的、帝国的伟大流派中继承了对诗人的爱以及一种我说不清的可与文字竞争的狂热的精神。大卫、盖兰和吉罗代以和荷马、维吉尔、拉辛及奥西恩[1]的接触点燃了他们的精神。德拉克洛瓦是莎士比亚、但丁、拜伦和阿里奥斯托的动人的传达者。相似是重要的,而差别则是轻微的。

让我们在人们可以称之为大师的教诲中追溯得更远些吧,对我来说,这种教诲不仅来自对他的全部作品的接连不断的观赏和对某些作品的同时的观赏,像您在1855年世界博览会上享受到的那样,而且也来自我和他进行的多次交谈。

三

德拉克洛瓦热烈地爱着激情,冷静地决心寻找以最醒目的方式表现激情的手段。我们顺便指出,在这种双重的性格中,有两个标记显示出最坚实的天才,这些极端的天才,不能使胆怯的、易于满足的灵魂感到愉快,后者在松懈的、柔弱的、不完美的作品中就找得到足够的食粮。巨大的激情,再加上非凡的毅力,这就是德拉克洛瓦。

---

[1]. 奥西恩(Ossian),传说公元3世纪爱尔兰英雄和游吟诗人。

他经常说：

"既然我把由自然传达给艺术家的印象看作是需要表达的最重要的事情，那么，艺术家要事先以各种最迅速的表达手段武装起来不就是很必要的吗？"

显然，在他看来，想象力是最珍贵的禀赋，最重要的能力，然而，假如这种能力没有一种迅速的灵巧供其驱遣，它就是无能的、没有结果的，而那种迅速的灵巧是可以在这专制的伟大能力的不耐烦的任性中跟随其后的。肯定，他并不需要让他的总是白热化的想象力之火烧得更旺，但是他总觉得对于研究表现手段来说时间是太少了。

他对色彩和颜料的质量不间断的研究，他对化学上的事情的好奇心，他和颜料制造者的交谈，都应该是出于这种不断的考虑。在这一点上，他和莱奥纳多·达·芬奇相近，后者也曾沉醉于同样的观察。

欧仁·德拉克洛瓦尽管也欣赏生活的火热的现象，但绝不会与那一伙庸俗的艺术家和文学家为伍，他们的近视的智力躲在**现实主义**这个空泛而模糊的名词后面。我第一次见到德拉克洛瓦先生的时候，我想是在1845年吧（岁月流逝，多么迅速，有多大的毁坏力呀!），我们谈了许多老一套的东西，就是说，一些最广泛然而也最简单的问题，例如关于自然的问题。这里，我请先生允许我引用我自己的一段话，因为这些话我当时几乎是在大师的口授下写成的，而复述不会和原文有相同的价值[1]：

"他常说：'自然不过是一部词典。'为了很好地理解这句话到底有多广的含义，应该想一想词典的最频繁、最平常的用途。人们在其中寻找词义、词的演变、词源，最后，人们从中提取组成一句话或一篇文章的全部成分，但是从来没有人把词典看作是一种**组成**，在这个词的诗的意义上的一种**组成**。服从想象力的画家在他们的词典中寻找与他们的构思一致的成分，他们在以某种艺术调整这些成分的时候，就赋予它们以一种全新的面貌了。没有想象力的那些人抄袭词典，从中产生出一种很大的恶习，即平庸；这种恶习特别适合于某些画家，他们的专门化越是使他们接近一种所谓无生命的自然，情况就越是如此，例如风景画家，他们普遍认为不显露个性是一种胜利。他们观照和抄袭得多了，就忘记

---

[1] 以下所引文字均出自《1859年的沙龙》。

了感觉和思想。

"艺术的各个部分,有人以此为主要的,有人以彼为主要的,对这位伟大的画家来说,它们都是一种无与伦比的、至高无上的能力的极恭顺的仆人。如果说准确的制作是必要的话,那是为了使梦幻被准确地表达出来;如果说制作要很快的话,那是为了使伴随着构思的非凡的印象不丧失任何东西;如果说艺术家甚至注意到工具的物质上的干净,这也不难理解,为了使制作敏捷果断,什么都得小心。"

顺便说一句,我从未见过准备得像德拉克洛瓦的调色板那样细心精巧的调色板,那就像是一束配合巧妙的鲜花。

"在这样的一种本质上是逻辑的方法中,所有的人物,他们相互的位置,充作背景或远景的风景或内景,他们的服饰,总之,这一切都应为突出总的构思服务,可以说,都应穿上本色的号衣当仆人。如同一种梦幻被置于一种适当的有色彩的氛围之中,一种变成了构图的构思也需要移入一个独特的有色彩的地方。显而易见,一幅画的某一部分成为关键,统率着其他部分,它是有一种特殊的色调的。谁都知道,黄色、橘黄色、红色,引起并代表着快乐、财富、光荣和爱情的观念；然而黄或红的氛围不下千百种，所有其他的颜色也会合乎逻辑地用于相应数量的主导氛围之中。显然，从某些方面看，色彩家的艺术与数学和音乐有关系。

"不过，这种艺术的最精微的活动得力于一种感觉，长期的训练赋予这种感觉以一种无法形容的可靠性。人们看得出，普遍和谐这一条伟大法则反对使用许多刺眼和生硬的色彩，即使最杰出的画家也有这种情况。鲁本斯的一些画不仅使人想到五彩缤纷的焰火，而且甚至使人想到好几支焰火朝着一个地方放。画幅越大，笔触就越应宽广，这是不用说的；然而，笔触不应该实际上化成一片，而应该在一定的距离上化成一片，这个距离是由联结它们的感应法则规定的。这样，色彩就获得更多的力量和鲜明。

"一幅好的画，一幅忠于并等于产生它的梦幻的画，应该像一个世界一样产生出来。如同创造，我们所看到的创造，它是好几次创造的结果，前面的创造总是被下一个创造补充着。画也是这样，它被和谐地画出来，实际上是一系列相叠的画，每铺上一层都给予梦幻更多的真实，使之渐次趋于完善。

相反,我记得曾在保尔·德拉罗什和奥拉斯·维尔奈的画室中见过一些巨幅的画,不是起草,而是开始,这就是说,有些部分已完全结束,而有些部分还只是些黑的或白的轮廓。人们可以把这比作某种纯粹手工的活计,在确定的时间内盖满一定数量的空间;或者一条分作许多阶段的长路,一个阶段完成,就没什么可做的了;当整条路完成的时候,艺术家也就从他的画中脱身了。

"所有这些告诫显然已被艺术家不同的气质或多或少地改变了;然而我确信,对于丰富的想象来说,那是一种最可靠的方法。因此,离开这种方法过远则表明给予了艺术的某些次要部分一种不正常的、不合适的重要性。

"我不怕有人说设想一种供许多不同的个人运用的相同的方法是荒谬的。因为很明显,修辞学和韵律学并不是任意杜撰出来的束缚,而是有精神的物体的构造本身所要求的一整套规则;格律和修辞从来也不曾妨害独创性脱颖而出。而其反面,例如它们有助于独创性的发扬,倒极大限度地更为符合实际。

"为简短计,我不得不省略从基本用语中推导出来的许多结果，可以说，这个基本用语包含着真正的美学的全部公式，并且可以这样来表达：整个可见的宇宙不过是个形象和符号的仓库，想象力给予它们位置和相应的价值；想象力应该消化和改变的是某种精神食粮。人类灵魂的全部能力都必须从属于同时征用这些能力的想象力。如同熟知词典并不一定意味着知道作文的艺术一样，作文的艺术本身也不意味着普遍的想象力，因此，一个**好**的画家可以不是一个**伟大**的画家，但是，一个伟大的画家必定是一个好的画家，因为普遍的想象力包容着对一切手段的理解和获得这些手段的愿望。

"显而易见，根据我刚才好歹阐明了的概念（还有许多东西要谈，特别是关于各门艺术的一致的部分以及它们的方法中的相似之处！），艺术家，也就是献身于美的表现的那些人的庞大队伍可以分为两大判然有别的阵营。有一个人自称**现实主义者**，这个词有两种理解，其意不很明确，为了更好地确定他的错误的性质，我们称他作**实证主义者**，他说：'我想按照事物的本来面目或可能会有的面目来表现事物，并且同时假定我并不存在。'没有人的宇宙。另有一人，富有想象力的人，他说：'我想用我的精神来照亮事物，并将其反光投射到另一些精神上去。'虽然这两种绝对相反的方法可以扩大或缩小一切主体，从宗教的场景直到最平常的景物，但是，富有想象力的人一般地说还是得在宗教画和幻想画中露面，而所谓的静物画和风景画却在表面上向懒惰的、难以激动的精神提供了丰富的资源。

"德拉克洛瓦的想象力！他的想象力从不畏惧攀登宗教的困难高度，上天是属于他的，正如地狱、战争、奥林匹斯山、快乐是属于他的一样。这正是画家—诗人的典型！他的确是为数不多的上帝的选民之一，他的精神之广把宗教也包容在他的领地之中。他的想象力像点满蜡烛的小教堂一样明亮，辉煌而又鲜红。激情中一切痛苦的东西都使他激动万分，教会中一切壮丽的东西都使他得到启示。他轮番在他那充满灵感的画布上倾倒着鲜血、光明和黑暗。我相信他很愿意把他的天生的豪华作为额外的东西添加在福音书的庄严之上。我见过德拉克洛瓦的小幅画《天神报喜》，拜访马利亚的天使不是一个，而是由其他两个天使庄重地引导着，这场天上的求爱的效果是有力而迷人的。他青年时代的一幅作品,《持橄榄枝的基督》（'主啊，把这圣餐杯从我面前拿开吧',在圣安多尼街的圣保罗教堂里),洋溢着女性的温柔和诗的甜蜜。在宗教中发出如此高亢巨响的痛苦和壮丽,总是在他的精神中引起回声。"

更近些时候,关于圣绪尔比斯教堂中的圣安吉小教堂的壁画(《艾利奥多被逐出神庙》和《雅各布与天使搏斗》),他的受到如此愚蠢的批评的最后巨制,我写道:

"德拉克洛瓦从来也没有,甚至在《特拉扬的宽恕》,在《十字军进入君士坦丁堡》中,也没有展示过更辉煌、更巧妙的超自然的色彩,他从未画过一幅更为**有意**的史诗般的素描。我很知道有几个人,肯定是泥瓦匠,也许是建筑师,关于这最后的作品说过'衰退'这个词。这里正好应提醒这一点,即卓越的大师、诗人或画家,雨果或德拉克洛瓦,总要比他们的胆怯的欣赏者领先好几年。

"相对天才来说,公众是一架走慢了的钟。在有远见的人们当中,谁不明白大师的第一幅画已经包含着所有别的画的萌芽?至于他不断地改善天赋,细心地砥砺,从中提取新的效果,把自己的本性推向极端,这乃是不可避免的、命定的、值得称赞的。德拉克洛瓦的天才的主要标志恰恰是他不知道衰退为何物，他只表现出进步。只不过是他最初的素质是如此热烈、如此丰富，给人的精神，甚至是最庸俗的精神，以如此有力的冲击，以至于他们对他每日的进步麻木不仁了，唯有爱推理的人才能清楚地觉察到这一点。

"我刚才说到几个*泥瓦匠*如何如何。我想用这个词来说明那等粗野庸俗的人（其数目极大）的特点，他们评价事物只看轮廓，更有甚者，只看三维：长、宽、深，正如野蛮人和农民一般。我常听见这种人建立一种素质的等级，我是绝对地不能理解；例如，断言使某人得以画出准确的轮廓、使某人得以创造具有超自然的美的轮廓的能力优于善于以一种迷狂的方式组合各种色彩的能力。据这些人看，色彩不梦、不想、不说话。似乎我在观赏被专门称作色彩家的人的作品时，我沉浸其中的愉快并不具备高贵的性质；他们倒是很愿意把我称作唯物主义者，而把唯灵论者这一贵族的称号留给自己。

"这些肤浅的人想不到这两种能力是绝不能完全分开的，想不到它们都是一种精心培育的初始萌芽的结果。外部的自然只提供给艺术家一个不断再生的机会来培育这个萌芽，它只是一堆需要艺术家来整理组合的乱糟糟的材料，是一种incitamentum[1]，是一阵让沉睡中的能力起床的号声。准确地说，自然中没有线条，也没有色彩，是人来创造线条和色彩。这是两种抽象，它们从同一源泉获得同等的高贵。

"一个天生的素描家（我假设他是个孩子）从不动或运动的自然中观察到某种曲折，他从中获得某种快感，他高兴地用线条将其固定在纸上，并随心所欲地夸大或缩小其弯曲，他就这样学习着画出素描的轮廓、优雅和特性。让我们设想一个孩子要提高艺术中称为色彩的那一部分：他是从两种色调的撞击或巧妙的配合、从他从中得到的愉快之中获得有关色调配合的无止境的技巧的。在这两种情况下，自然都是一种纯粹的刺激。

"线条和色彩两者都让人思想、让人梦幻，来自两者的愉快性质不同，却是完全相等的，绝对地独立于画的主题。

"一幅德拉克洛瓦的画，虽然放在远处，使您不能判断其轮廓的吸引力或者主题多少是激动人心

---

1. 拉丁文，激励，鼓动。

的素质，却已经使您充满了一种超自然的快感。您觉得有一种神奇的氛围朝您走来，包围了您。阴沉，然而美妙，明亮，宁静，这种永远留在您的记忆中的印象证明了他是一位真正的素描家，完美的色彩家。当您走近的时候，对主题的分析在这种开始时的愉快上面不会减少什么，也不会增加什么，因为它的源泉在别的地方，远离任何具体的思想。

"我也可以把例子颠倒过来。一幅勾画得很好的人像使您充满一种完全与主题无涉的愉快。它是给人快感的或是令人恐惧的，其魅力只来自它在空间里显现的曲线。被活剥的殉道者的四肢，痴迷的仙女的躯体，如果画得讲究的话，就包含着一种愉快，在其成分中主题是没有份儿的；如果您觉得并非如此，那我就不得不认为您是一个刽子手或一个不信教的人了。

"可是，天哪！这有什么用，有什么用，老是重复这些无用的真理？"

不过，先生，比之这种夸夸其谈，您的读者也许更喜欢知道有关我们已故的伟大画家的人品和作风的细节，我自己也正急着要说呢。

四

我谈到的欧仁·德拉克洛瓦的双重的天性主要表现在他的文章之中。您知道,先生,许多人对他的见诸文字的看法的明智和他的文笔的节制感到惊讶,有些人遗憾,有些人赞同。《美的多样性》《普桑》《普吕东》《夏莱》等论文,发表于《艺术家》(当时的主人是里古尔先生)和《两世界评论》上面的其他文章,都证实了伟大的艺术家所具有的这种两重性。这种两重性推动着他们像批评家一样更为愉快地赞扬和分析他们作为创造者最需要的、与他们大量拥有的素质恰恰相反的那些素质。假使欧仁·德拉克洛瓦赞扬和主张我们在他身上所特别赞赏的强烈、动作的突然、构图的狂放不羁和色彩的神奇,说真的,那倒要让人感到惊讶了。为什么要去寻找自己已经丰富到几乎多余的东西呢?如何能不称赞我们觉得罕见和得之困难的东西呢?先生,每当天才的创造者,画家或文学家,把他们的才能用于批评的时候,我们就总会看到出现这种现象。在古典主义和浪漫主义两派进行伟大搏斗的时代,头脑简单的人对欧仁·德拉克洛瓦不断地盛赞拉辛、拉封丹和布瓦洛感到大为惊讶。我认识一位诗人,他的天性永远是狂暴的、敏感的,马莱伯[1]的一句匀称的、音韵铿锵的诗句就可以使他长时间地沉醉。

伟大画家的文章显得如此通达、明智,手法和意图如此明晰,不过,若是以为这些文章写得很容易,像他的画笔一样挥洒自如,那就荒谬了。他越是有把握把他之所想写在画布上,他就越是担心不能把他的思想画在纸上。他常说:"翎毛笔不是我的工具;我感到我想得正确,可是我被迫服从的条理的需要却使我害怕。你们相信必须写一页纸会让我头疼吗?"这支天生高雅的笔下过于经常地出现某些稍嫌陈旧的甚至有些公式化的、帝国风格的措辞,是可以通过这种产生于缺乏习惯的局促加以解释的。

德拉克洛瓦的风格的最明显的标志是简洁和某种毫无炫耀的强烈,全部精神力量集中于一个已知点通常都有这种结果。大洋彼岸的道德家爱默生[2]说过:"The hero is he who is immovably, centred."[3] 他虽然被看作是讨厌的波士顿派的领袖,却不乏某

---

1. 马莱伯(François de Malherbe,1555—1628年),法国诗人。
2. 爱默生(Ralph Waldo Emerson,1803—1882年),美国哲学家。
3. 英文,英雄就是那种矢志不移的人。

种塞涅卡式的尖锐，正适于激励沉思。"英雄就是那种矢志不移的人。"美国超验主义领袖的这句用于指导生活和事业活动的格言也同样可以用于诗和艺术的领域。人们同样可以说："文学的英雄，即真正的作家，就是那种矢志不移的人。"先生，您不会感到意外，德拉克洛瓦对简洁而专注的作家有着很深厚的好感，他们的装饰很少的散文仿佛在模仿思想的迅疾的运动，他们的句子像动作，如孟德斯鸠。关于这种蕴涵丰富、具有诗意的简洁，我可以向您提供一个有趣的例证。您大概像我一样最近在《新闻》上读过保尔·德·圣维克多[1]先生关于阿波罗画廊的天花板壁画的一篇很有趣、很漂亮的论文吧。关于洪水的各种观念，有关洪水的传说应该据以解说的方式，组成这幅美妙的画的整体的插曲和行动所包含的道德意义，诸如此类，一样也没忘记；画本身也经这迷人的文笔加以细致的描述，既才智横溢又色彩绚烂，作者已给过我们许多这样的例子了；然而，整体却只在我们的记忆中留下一个模模糊糊的幽灵，某种类似经过放大而变得疏淡的光的东西。

---

[1]. 保尔·德·圣维克多（Paul de Saint-Victor, 1827—1881年），法国批评家。

请把这篇长文和下面几行字比较一下吧，据我看，这几行字更有力得多，假设它所概述的画并不存在，则它更能够成画。德拉克洛瓦先生邀请朋友们看所说的这幅作品，散发了这份说明书，我只是照录于下：

阿波罗杀死大蛇皮东

"神立在战车上，箭已射出一部分；其姊狄安娜飞于其后，将箭筒递给他。怪物已被神的热力与生命之箭射穿，扭动着带血的身躯，在一片热气中苟延残喘，发泄着无能为力的愤怒。洪水开始退去，把人和动物的尸体留在山顶或席卷而去。大地被遗弃给丑恶的怪物，那些泥土的不洁的产物。神见此光景大怒，他们像阿波罗一样武装起来：密涅瓦、墨丘利冲上去诛灭怪物，一边等着永恒的智慧女神使寂寞的宇宙重新住满人畜。赫丘利用大棒打杀怪物；火神伏尔甘驱逐黑夜和不洁的雾气，波瑞阿斯和微风之精灵吹干了水，吹散了云。江河的仙女们又找到了她们的苇床和还沾着污泥残物的水罐，胆小的神则在一旁观看这场神与自然力的大战。然而胜利女神已自天而降,给胜利者阿波罗戴上桂冠,众神的使者伊里斯在空中展开她的披巾,象征着光明战胜黑暗和水的反叛。"

我知道读者将被迫猜测许多东西,可以说,将被迫与说明的作者合作;但是,先生,您果真认为对画家的欣赏使我在这种情况下成了洞观者吗?我在这里发现了高尚的阅读所取的那种贵族态度的痕迹,发现了那种思想的正确,它使得一些社交界人士、一些军人、一些冒险家,甚至一般的朝臣写出了、有时是胡乱地写成了很美的书,连我们这些耍笔杆的人也不得不赞赏的书,您果真认为我这样说是绝对的错了吗?

五

欧仁·德拉克洛瓦是一种怀疑主义、文雅、浪荡作风、热烈的意志、狡黠、专制的奇怪的混合,总之是一种永远伴随着天才的特殊的宽厚和适度的温柔的奇怪的混合。他的父亲属于那种强有力的人,这种人在我们的童年时候还剩下最后一批;他们有些是让-雅克的热忱的宣传者,有些则是伏尔泰的坚定的信徒，他们都同样顽强地参加了法国大革命，其幸存者，或是雅各宾派，或是科尔得利俱乐部[1]派，都怀着一种完全的真诚（指出这一点很重要）转而赞成波拿巴的意图。

欧仁·德拉克洛瓦始终留有这种革命血统的痕迹。可以说，他和斯丹达尔一样，都极其害怕上当受骗。他是怀疑派，是贵族，只是通过与梦幻的被迫的往来才认识了激情和超自然主义。他痛恨群众，差不多只把他们看作是偶像的破坏者，1848年发生的对他的某些作品的暴力行为[2]不会使他转向我们时代的政治感伤主义。他身上甚至有维克多·雅克蒙[3]的某种东西，例如风格、举止和观点。我知道这种比较多少有些不恭，因此我希望人们以一种极端的节制来理解它。在雅克蒙的身上有着反叛的资产者的自命不凡和倾向于即使梵天[4]的使者也使耶稣基督的使者神秘化的嘲弄。德拉克洛瓦有天才固有的

---

1. 科尔得利俱乐部（Club des Cordeliers），法国资产阶级革命期间马拉等人在巴黎科尔得利教堂建立的政治组织。
2. 1848年二月革命中，德拉克洛瓦的一些画遭到破坏。
3. 维克多·雅克蒙（Victor Jacquemond, 1801—1832年），法国植物学家。
4. 梵天（Brahma），婆罗门教、印度教的创造之神，与湿婆、毗湿奴并称为婆罗门和印度教的三大神。

趣味提醒着,永远也不会跌进这种卑劣的勾当中去。因此,我的比较只涉及他们俩共有的特征,即审慎精神和朴素。同样,18世纪留在他的天性上的遗传标志主要来自那个既远离乌托邦主义者又远离狂怒者的阶层,即文雅的怀疑派、胜利者和幸存者的阶层,一般地说,比之让-雅克,他们更多的来自伏尔泰。因此,初看上去,欧仁·德拉克洛瓦就像是一个**有教养**的人(在这个词的好的意义上说),一个不存偏见的完美的**绅士**。只是通过更为经常的往来,人们才能穿透外表,猜到他的灵魂的深奥的部分。有一个人可以在仪表和风度上与他进行更为正当的比较,此人是梅里美先生。他们有着同样的稍许做作的表面的冷漠,同样的冰冷的外衣掩盖着一种腼腆的敏感和对于善和美的火热的激情;在同样的利己主义的虚伪下面,有着对于密友和偏爱的观念的同样的忠诚。

在欧仁·德拉克洛瓦身上有许多野性,这是他的灵魂的最珍贵的部分,这一部分完全地献给了对他的梦幻的描绘和对他的艺术的崇拜。在他身上有许多上等人的东西,这一部分用于掩盖第一部分并使之得到原谅。我认为,他一生中最大的挂虑之一就是掩盖心灵的愤怒和避免有一种天才人物的神气。他的支配精神，这种精神是很正当的，也是不可避免的，几乎完全消失在无数的优雅下面，可以说是火山口艺术地隐蔽在花束之下。

他与斯丹达尔的另一个相似之处是对单纯的形式、简洁的格言和良好的生活作风的癖好。像所有那些越是喜欢方法而他们的热烈而敏感的气质似乎越是使之远离的人一样，德拉克洛瓦喜欢制造这类小小的实用道德的信条，而那些什么也不实行的健忘者和懒汉却不胜厌恶地将其归于德·拉帕利斯[1]先生，然而天才并不倨傲，因为他是与单纯相连的；对于那个被他的天才所具有的宿命性抛进一场无休止的战斗中的人来说，健康的、有力的、单纯的、严峻的格言成了铠甲和盾牌。

在政治方面，是同一种坚定而高傲的克制精神启发着他的观点，这还用我说吗？他认为什么都是不变的，尽管什么都像是在变，他认为在人类历史上，某些危险的时期总是不变地带来类似的现象。总之，在这种事情上，他的思想和我另眼相看的一

---

[1]. 德·拉帕利斯（Jacques de Chabannes, seigneur de La Palice, 1470—1525年），法国著名军事将领。

位历史学家的思想很相近,特别是从他的冷漠扫兴的顺从那方面来看更为相近。先生,您本人对这些观点也是很熟悉的,您也善于评价天才,哪怕他与您相左,因此,我确信您曾不得不一再地赞赏他。我指的是费拉里[1]先生,《论以国家利益为名的理由》一书的博大精深的作者。所以,一个人在德拉克洛瓦先生面前沉醉于乌托邦幼稚的热情,立刻就会领略到他那尖刻的、充满讽刺意味的怜悯的笑的厉害,如果人们冒冒失失地在他面前抛出现代的伟大空想、尚不明确的完善和进步这个大气球,他肯定会问:"你们的菲迪亚斯在哪里?你们的拉斐尔在哪里?"

不过请相信,这种严峻的理智丝毫也无损德拉克洛瓦先生的优雅。这种怀疑的激情,这种拒绝上当受骗,犹如拜伦式的风趣,更使他那诗意盎然、绚丽多彩的谈话妙趣横生。比起他同上流社会的长期接触,他更多的是从自己身上获得一种自信,一种美妙的举止的自如。所谓从自己身上获得,就是从他的天才以及对天才的意识获得,而他的获得方式之文雅,恰似多棱镜,包含着各种细微的差别,

---

1. 费拉里(Giuseppe Ferrari,1811—1876年),意大利作家。

从最友好的纯朴到最无可非议的放肆。他能用二十种不同的方式说"我亲爱的先生",对一只有经验的耳朵来说,那是一个有趣的感情系列。最后,我必须提到一点,我在这一点上发现了新的颂扬的理由,欧仁·德拉克洛瓦虽然是个天才人物,或者说正因为他是一个全面的天才人物,他很有浪荡子的特点。他自己承认年轻时曾很有兴味地追求过浪荡作风的最物质的虚荣,他笑着但并非没有某种虚荣地讲过,他在他的朋友波宁顿的赞助下,曾经在时髦青年中大力引进过英国人在穿鞋着装方面的趣味。我猜想,您不会觉得这细节是无用的,因为对某些人来说,要描绘他们的性情,没有什么回忆是多余的。

我对您说过,德拉克洛瓦灵魂中的自然的部分特别给一个专注的观察者留下深刻印象,尽管一种精致的文明蒙上了一重缓和的纱幕。他身上全是精力,一种源自神经和意志的精力;因为在体质上,他是柔弱的、纤细的。当我们的伟大画家的整个灵魂对准一个观念或是想攫住一个梦幻的时候,一只眈眈于猎获物的老虎也没有像他那样眼睛里闪着那么明亮的光,肌肉里蕴涵着那么急切的颤动。他的容貌的外形特点本身,他的秘鲁人或马来人的肤色,他的大而黑的眼睛，这双眼睛因注意力集中时的眨动而变小，似乎在品味着光线，他的浓密而发亮的头发，他的固执的额头，他的绷紧的嘴唇，一种永久的意志的张力又在那上面加了一种残酷的表情，总之，他的周身都让人想到一种异国的出身。我在看着他的时候，不止一次地想到墨西哥的古代君王，想到那个蒙特祖马[1]，他那双巧于杀生的手一日间就能为太阳神的金字塔形的祭坛献上三千人；或者想到某个印度王子，在最荣耀的节日的光辉之中，他们的眼睛深处却带着某种满足不了的贪婪和一种无法解释的怀念，某种类似对未知之物的回忆和惋惜的东西。请您注意，德拉克洛瓦的画通常的色彩也和东方的外景和内景的色彩有关，产生出一种类似在这些亚热带国家所感觉到的印象。在那里，对于一双敏感的眼睛来说，极为充足的阳光虽然具有地方色调的强烈，却产生出一种近乎暮色一般的效果。他的作品的道德意义，如果可以在绘画上谈论道德的话，也带着一种明显的摩洛[2]教的性质。他的作品都是破坏、屠杀、大火，都是为反对人的永恒的、

---

1. 蒙特祖马（Moctézuma，约1475—1520年），古代墨西哥阿兹特克皇帝。
2. 摩洛（Moloch），古代腓尼基人信奉的火神，以儿童作为献祭品。

不可救药的野蛮而作证：被焚的、冒着烟的城市，被扼死的人，被强奸的女人，被扔在马蹄之下或者发疯的母亲的匕首之下的儿童。我认为，整个作品就像是为宿命和不可平复的痛苦而写的一曲可怕的颂歌。他显然并不缺乏柔情，所以有时他也能把画笔用于表现温柔快乐的感情，然而就在这时，也浓浓地散发着不可疗救的辛酸，也并没有无忧无虑和快乐（这是幼稚快感的通常伴侣）。我想只有一次，他在滑稽古怪方面做了一次尝试，由于他好像猜出这超出或不配他的本性，就再没有回到那上面去。

六

我认识好几个人，他们有权利说Odi profanum vulgus[1]，但是有谁能够胜利地补充说et arceo？过于频繁的握手使性格堕落。如果真有人有一座由栅栏和锁严密保护的**象牙之塔**的话，那么这个人就是欧仁·德拉克洛瓦。有谁更爱他的**象牙之塔**，即他的秘密？我相信他会给它装上大炮，移进森林或移

---

[1] 拉丁文，我恨群众和他们的庸俗。语出贺拉斯《颂歌》，下面一句是："我远离他们。"

到无法接近的山上的。有谁更爱home[1]，神圣的和隐蔽的地方？正像其他人寻找秘密的地方是为了放荡，他寻找秘密的地方是为了灵感，他在那里专心致志地、痛痛快快地工作。"The one prudence in life is concentration; the one evil is dissipation."[2] 我们已经引述过的那位美国哲学家这样说。

德拉克洛瓦先生应该也能写出这句格言，不过他肯定是严格地奉行这句格言的。他太是一个*上流社会中的人*了，所以不能不蔑视上流社会；他在那里为了不过于明显地露出本色而花费的力气自然而然地使他偏爱同我们为伍。我们不仅仅指写下这些文字的谦卑的作者，也指其他几个人，年轻的或年老的，记者，诗人，音乐家，他在他们身边可以自由自在地放松，随随便便。

李斯特在他关于肖邦的美妙的文章中，把德拉克洛瓦归入最经常地拜访音乐家—诗人的人们之中，说他爱那音乐到了一听到那声音就陷入深深的梦幻之中的程度，那轻盈热情的音乐就像一只明亮的鸟飞翔在恐怖的深渊之上。

---

1. 英文，家。
2. 英文，生活中最精明的是集中精力，最不幸的是分散精力。

就这样，我们那时虽然很年轻，靠着我们的仰慕的真诚，仍得以进入那保护得如此森严的画室，尽管我们的气候寒冷，那里面却是洋溢着赤道的温暖，眼睛首先碰到的是简朴的庄重和老派的特殊的严峻，就像我们童年时看到的大卫的那些老对手的画室，那些令人感动的英雄们已经逝去很久了。人们清楚地感到，这个隐蔽的场所是不可能住着一个思想轻浮、反复无常的人的。

那里没有生锈的全副甲胄，没有马来人的波刃短剑，没有哥特时期的废铁，没有珠宝，没有旧家具，没有旧货，没有任何显出主人喜欢小玩意儿和具有飘忽不定的狂热的幼稚幻想的东西。一幅约尔丹斯所画的肖像，几幅大师本人的习作和临摹的画，就足以装饰这间宽大的画室了，里面一片虔敬的气氛，光线柔和而安宁。

人们大概会在出售德拉克洛瓦的素描和油画时看到这些临摹品的，有人对我说，出售定在1月份。有两种很不相同的临摹方式。一种方式，自由而奔放，半是忠实，半是背叛，他在其中放进许多自己的东西。这种方法产生出一种混杂的、迷人的作品，使精神陷入一种惬意的捉摸不定之中。正是在这种反常的面貌下，一件鲁本斯的《圣徒伯努瓦的奇迹》的大幅临摹画出现在我面前。在另一种方式中，德拉克洛瓦成为他的模特儿的最听话最谦卑的奴隶，他的模仿的精确到了那些未见过这种奇迹的人可能不相信的程度。例如，临摹现藏卢浮宫的拉斐尔的两幅人头像，表现，风格，手法，模仿之逼真，完全可以乱真。

吃过一顿不像阿拉伯人的午饭那样油腻的午饭之后，像卖花女或者服装摊贩那样细心地配好他的调色板之后，德拉克洛瓦就试图继续进行中断了的构思。然而，在他投入到紧张的工作中之前，他常常体验到那种倦怠、恐惧和精神紧张，令人想到逃避着神祇的女占卜者，或者想起让-雅克·卢梭，他在开始在纸上写字之前，总有一小时工夫要闲荡、翻纸、摆弄书本；但是，一旦艺术家开始迷狂，他就一发而不可收，直到肉体的疲劳打败了他。

有一天，我们谈到对艺术家和作家来说永远是如此有趣的问题，即工作保健和生活方式问题，他对我说：

"先前我年轻的时候，非得晚上有娱乐，如音乐会、舞会，或随便什么其他的娱乐，我才能工作；

可是今天，我不再像小学生了，我可以不断地工作，而毫无任何酬劳的希望。而您知道辛勤的工作能够使人多么宽容，在娱乐方面多么容易满足啊！一个人一天安排得满满的，他就随时能在街上帮人跑腿的人身上发现足够的才智，随时准备和他打打牌。"

这番话使我想起了和农民掷骰子的马基雅维里。而且有一个星期天，我在卢浮宫看见了德拉克洛瓦，由他的老女仆陪着，她已经忠心地照顾服侍了他三十年。他高雅、讲究、博学，却很愿意为这个好女人指出并讲解亚述雕塑的奥妙，而她怀着一种天真的专心听着。这时，我立刻想起了马基雅维里和我们的那一次谈话。

事实是，在他生命的最后几年中，人们称为快乐的一切东西都消失了，被代之以唯一的一种，艰难，苛求，可怕，那就是工作，那时候，工作已不仅仅是一种激情，而且可以被称为迷恋了。

或是在画室里，或是在他画装饰巨作的脚手架上，德拉克洛瓦把白天的时间用于绘画之余，仍可从他对艺术的爱中找到力量，他若是不借助炉火和灯光把晚上的时间用于画画，用于在纸上涂满梦幻、计划和在生活中偶然瞥见的形象，或有时临摹与他气质最不相近的艺术家的作品，他就断定这一天没有排满；因为他酷爱做笔记和画速写，他随便在什么地方都能致力于此。有很长一段时间，他有个习惯，即在他度过夜晚的朋友那里画素描。因此，维欧[1]先生拥有出于这支多产的笔下的数量可观的优秀素描画。

有一次，他对我认识的一位年轻人说："一个人从四层楼的窗户跳下去，如果您不能敏捷到在他落地之前这段时间内为他画出速写的话，您是永远也画不出大作品的。"我从这骇人听闻的夸张中又看到了他毕生的忧虑，众所周知，这忧虑就是画得迅速而可靠到不使行动或思想的强度受到任何损失的程度。

正如许多人能够看到的那样，德拉克洛瓦是个谈锋很健的人。有趣的是他害怕聊天，仿佛那是一种放荡和分心，他会在其中很费精力。您到了他那儿，开始他会对您说：

"我们今天早上不聊，是不是？或者少说几句。"

接着，他却谈了三个钟头。他的谈话有光彩，洞察入微，却充满了事实、回忆和故事，一句话，

---

1. 维欧（Frédéric Villot），德拉克洛瓦的一个朋友。

是一种富有教益的谈话。

当他受到反驳的时候,他就暂时退却,而不是从正面扑向他的对手,这会把法庭上的粗暴带进客厅中的小争论之中,他会同对手周旋一阵,然后再用料想不到的论据或事实加以反击。这的确是一个先礼后兵的人的谈话,诡计多端,有意退却,惯用隐蔽和突袭。

在他的画室的亲切气氛中,他很愿意倾谈,甚至谈他对同时代画家的看法,也正是在这种场合,我们要常常赞叹天才的那种宽容,那也许是来自一种特殊的天真或者对于享乐的随和吧。

他对于德康有一种惊人的偏爱,后者今天早已被人遗忘,但无疑还由于记忆的力量留在他的头脑之中。对于夏莱也是如此。有一次他让我到他那里去,专为激烈地责骂我关于这个沙文主义的宠儿写的一篇不恭敬的文章。我竭力解释说我谴责的不是早期的夏莱,而是晚期的夏莱,不是老兵的崇高的历史学家,而是小咖啡馆里的才子,但是没有用,我一直未能得到原谅。

他欣赏安格尔的某些地方,显然,他得有一种巨大的批评力,才能够通过理性欣赏他的气质本该排斥的东西；他甚至根据照片临摹某几幅细致入微、面如铅灰的肖像画，安格尔先生的生硬而深刻的才能在这些画里最受好评，越是局促就越显得灵活。

奥拉斯·维尔奈的可憎的色彩阻止不了他感觉到那种赋予他的大部分画以活力的潜在个性，他发现了惊人的用语来称赞那种闪光的东西和那种不知疲倦的热情。他对梅索尼埃的欣赏有些过分。他几乎是通过强力把准备画《街垒》的素描据为己有，《街垒》是梅索尼埃最好的油画，他的才能由一支铅笔来表现远较油画笔来得有力。对他，德拉克洛瓦常常梦幻般地、像是对前途有一种不安地说："说到底，我们这些人中间，生活得最有把握的是他！"看到一位如此伟大的作品的作者几乎是嫉妒一位只善于画小玩意儿的作者，这不是很奇怪的事吗？

只有一个人，他的名字能从这张贵族的口中引出粗话，此人就是保尔·德拉罗什。他在此人的作品中大概找不到任何可以原谅的东西，他对这种肮脏苦涩的画给他造成的痛苦一直记忆犹新，我想是泰奥菲尔·戈蒂耶说的，这种画是用墨水在一种独立不羁的大发作中画出来的。

然而，他更愿意在一种海阔天空的谈话中谈论的却是一个从才能和思想上与他最少相似的人，这个人是他的真正的对立面，至今还未得到应得的正确评价，他的头脑尽管像他的故乡的充满煤烟的天空一样雾霭沉沉，却包含着大量令人赞叹的东西。我指的是保尔·谢那瓦尔先生。

这位里昂的哲理画家的深奥理论使德拉克洛瓦发笑，这位抽象的教育家认为纯绘画的快感如果不是有罪的东西，也是轻佻的东西。然而，虽然他们彼此相距如此遥远，甚至正是由于这种遥远，他们却喜欢彼此接近，他们像系在四爪锚上的两条船，再也离不开了。这两个人都很有学问，都具有一种杰出的交际精神，他们在博学这块共同的土地上相遇了。人们知道，一般地说，这并不是艺术家借以闪光的素质。

所以，谢那瓦尔是德拉克洛瓦的一种罕见的源泉。看到他们在一场无邪的争辩中激动不已，那真是一种乐趣，一个人的话像一头全副武装的大象笨重地走着，另一个人的话则像一把花式剑颤动着，同样尖锐和柔韧。在他生命的最后时刻，我们的伟大画家希望能握一握他的友好的反对者的手，可是，后者那时却远离巴黎。

七

多愁善感、附庸风雅的女人若是知道德拉克洛瓦也像米开朗琪罗一样（您还记得他的一首十四行诗的结尾吧："雕塑！神圣的雕塑，你是我唯一的情人！"），把绘画也当作他唯一的缪斯，唯一的情妇，唯一的心满意足的快乐，她们可能会感到不快的。

无疑，他在年轻时骚动不宁的岁月里很爱女人。谁不曾为这个可怕的偶像牺牲过太多的东西呢？谁不知道恰恰是服侍她们最好的那些人最感痛苦呢？然而，他在生命结束之前很久，就已把女人逐出他的生活了。他即便是个穆斯林，大概也不会把她逐出清真寺，然而他会惊奇地看见她走进清真寺，而不知道她究竟能和真主进行什么样的谈话。

在这个问题上，如同在许多其他的问题上一样，东方的观念在他身上强烈地、专横地占了上风。他把女人看作一件艺术品，美妙，适于刺激精神，但是如果把心灵的门槛给了她们，她们又是一件不听话的、扰乱人心的艺术品，会贪婪地吞掉时间和力量。

我记得有一次，在一个公共场所，我指给他看一个美艳超群、性情忧郁的女人的面孔，他很想领略一番她的美，但却嘿嘿一笑，只对我说道："您怎么能以为一个女人可以是忧郁的呢？"言外之意显然是，要体验忧郁这种感情，女人还缺少**某种**本质的**东西**。

不幸的是，这是一种不公正的理论，而我不愿颂扬关于一个如此经常地显示出热烈的美德的性别的一些诽谤性的看法；然而，人们会同意我说这是一种谨慎的理论，在一个布满陷阱的世界中，才能用多少谨慎武装起来都是不过分的，天才人物有特权具有某些理论（只要不扰乱秩序），而这些理论若出自普通公民或一家之长，就会使我们产生反感。

我还要补充说，他对孩子也不曾表现出温柔的宠爱，这在悲哀的灵魂看来，是要在对他的回忆上投下一个阴影的。在他的思想中，儿童只表现为一双沾满果酱的手（这会弄脏画布和纸张），或者一双敲打小鼓的手（这会扰乱沉思），或者是表现为到处点火，像猴子一样危险。

他有时候说："我记得很清楚，当我是孩子的时候，我是**一个怪物**，对于责任的认识获取得很慢。只有通过痛苦、惩罚，通过理性的逐渐的训练，人才能渐渐减少他的天生的恶意。"

因此,出于简单的理智,他转向了天主教的观念。因为可以说,一般的儿童相对于一般的人来说,距离原罪要近得多。

八

可以说,德拉克洛瓦把他的全部敏感,有力而深刻的敏感,给了对友谊的庄重的感情。有些人很容易地喜欢上第一个见到的人,另外一些人把对这种神圣的能力的运用留给庄重的大场合。我要愉快地告诉您,一个名人,如果说他不愿意人家用小事去打扰他,却可以在事关重大事情的时候变得乐于助人、热忱、激情如火。了解他的人都可以在许多场合中欣赏他在社会交往中所具有的那种完全英国式的忠诚、守时和稳重。如果他对别人苛求,他对自己也同样严格。

我想怀着忧伤和不满对针对欧仁·德拉克洛瓦的某些指责说几句话。我听见有人说他自私,甚至吝啬;请注意,先生,那些平庸的芸芸众生对那些细心安排慷慨和友情的人总是提出这种指责的。德拉克洛瓦很节俭，这是他到时候可以慷慨的唯一办法。我可以举出好几个例子，但我怕这样做会得不到他的允许，更得不到需要称颂他的那些人的允许。

还请您注意，许多年中，他的画销路不佳，他的那些装饰画即便用不着他掏自己的腰包，也差不多用光了他的全部薪水。一些穷艺术家表示出想拥有他的某件作品的愿望时，他多次证明了他对金钱的轻蔑。他像那些思想自由而宽宏的医生时而看病收钱时而看病不收钱，他也白送他的画或随便收点儿钱。

最后，先生，请您记住，高超的人比任何人都需要注意保护自己。可以说，整个社会都在对他作战。我们可以不止一次地验证这一点。他的礼貌，人们称为冷淡；他的嘲讽不管多么温和，也被称为恶意；他的节俭，被称为吝啬。可是相反，如果这可怜的人没有远见，社会不仅不会怜悯他，却会说："罪有应得，他的穷是对他的挥霍的惩罚。"

我可以断言，在金钱和经济方面，德拉克洛瓦是完全赞同斯丹达尔的意见的，这意见把崇高和谨慎统一起来。

"有才智的人，"斯丹达尔说，"应该力求获得他绝对必需的东西，才能不依赖任何人（在斯丹达尔的时代，是六千法郎的收入）；然而，如果这种保证已经获得，他还把时间用在增加财富上，那他就是一个可怜虫。"

寻求必需，蔑视多余，这是一个聪明人和斯多葛派的做法。

我们的画家在晚年的最大担心之一，是后世的评断和他的作品的不可靠的稳定性。他那如此敏感的想象力时而因想到不朽的光荣而活跃起来，时而他又辛酸地谈到画布和色彩的脆弱性。有时候，他又羡慕地提到过去的大师们，他们几乎都有幸被灵巧的雕刻师们表达过，其蚀刻针或雕刻刀知道如何适应他们的才能的特性，他十分遗憾没有找到他的表达者。画品的这种脆弱，比诸印品的牢固，是他的最经常的话题之一。

他是如此柔弱，又如此顽强，如此容易激动，又如此坚强。他是欧洲艺术史上无与伦比的人物，一个不断地梦想着用宏伟的构思盖满墙壁的病态而怕冷的艺术家。当他被那种他似乎有着痉挛的预感的胸部炎症夺去生命的时候，我们都感到了某种东西，类似于使我们知道夏多布里昂和巴尔扎克之死的那种精神消沉和孤独感,这种感觉最近又因阿尔弗莱·德·维尼的去世再次出现。在举国的悲伤之中,有一种普遍的生命力的衰弱,有一种类似日食的智力的昏暗,这是对世界末日的一次暂时的模仿。

然而我认为,这种印象特别有害于那些高傲的孤独者,他们只能由精神上的联系组成一个家庭;至于其他公民,他们只能逐渐地知道祖国失去了这个伟人所蒙受的损失,以及他离开祖国所留下的空白,还需要不断地向他们讲明这一点。

我衷心地感谢您,先生,让我自由地说出对我们这不幸的时代的罕见的天才之一的回忆让我想到的这一切——我们这时代如此贫穷,又如此富有,时而过于苛求,时而又过于宽容,而过于经常的却是不公。

➻ **1859年的沙龙***

给《法兰西评论》主编先生的信

一 现代艺术家

亲爱的先生[1]，承蒙不弃，您要我对本届沙龙做出分析，您对我说："请简短，不要开单子，概述即可，仿佛记叙一次在绘画中匆匆进行的哲理性的漫步。"那好吧，您会十分满意的；这并不是因为您的打算正与我对人们称为"沙龙"的这种如此令人厌倦的文章的看法相合（的确是相合的），也不是因为这种方法比别的方法容易，何况简短总是比冗长更

---

* 本文最初发表于《法兰西评论》（1859年6月10日、20日，7月1日、20日）

1. 指让·莫莱尔（Jean Morel）。

费气力，而仅仅是因为不可能有别的方法，尤其是在目前情况下。当然，如果我已迷失在一片独创性的森林中，如果突然间被改变了、被净化了，变得年轻的现代法兰西气质已经开放出茁壮的、香气如此丰富的鲜花，以至于它们引起了不可遏止的惊奇、大量的赞扬和没完没了的惊叹，并且在批评语言中必然导致新的范畴，那么，我将更加手足无措了。然而，幸亏（对我来说）满不是这么回事。毫无爆炸性的东西，也没有不为人知的天才。纵观本届沙龙所获得的想法是如此简单、陈旧、平常，大概不多的篇幅就足以将其阐明了。所以，您不必对画家的平庸产生了作家的老生常谈这件事感到奇怪。再说，您也不会损失什么，难道还有比老生常谈更迷人、更丰富、更具有确实的刺激性的东西吗？（我很高兴地看到您在这一点上和我的意见一致。）

在开始之前，请允许我表示一种遗憾，我认为，这种遗憾难得有表示的机会。人们预先告诉我们将有一些客人要接待，确切地说，这并不是一些不相识的客人，因为蒙田街的画展已将其中的几位介绍给巴黎的公众了，而巴黎的公众早就该认识这些迷人的艺术家了。因此，我很高兴能再次见到以下诸君：莱斯利，这位丰富、天真、高贵的humourist[1]，这是最能表现不列颠精神的词语之一；两位亨特，一位是顽强的自然主义者，另一位是拉斐尔前派的热情的、意志坚强的创立者；麦克莱斯，大胆的构图能手，既热情又自信；米莱斯，这位如此细腻的诗人；约·谢伦，这位具有华托色彩的克洛德，描绘意大利的大公园中午后的美丽节日的历史家；格兰特，这位雷诺兹的自然的继承人；胡克，他善于用一种神奇的光笼罩着他的《威尼斯之梦》；那位奇怪的帕顿，令人想起福斯利，并且怀着另一个时代的耐心描绘着泛神时代的美妙的混沌；凯特莫尔，历史题材的水彩画家；还有一个人是那样令人吃惊，我忘了他的名字，他是个好幻想的建筑师，他在纸上建起城市，桥柱是大象，各种船从许多粗大的腿之间通过，其中还有硕大无朋的三桅船！人们甚至为这些富有想象力、色彩奇特的朋友、怪异的缪斯的宠儿准备了住房。但是，我的希望落空了，我不知道是什么原因，我认为，这原因也不能登在您的报上。因此，悲剧的热情，基恩和麦克里迪式的动

---

1. 英文，*幽默家*。

作，家庭生活的亲切优雅，在英吉利精神的诗意的镜子中反映出来的东方的华丽，英格兰的青翠的草木，迷人的清新，尺寸很小、形同装饰的水彩画所具有的渐渐消失的深广，这些东西我们都不能与您共享了，至少是这一次不能与您共享了。想象力和精神最珍贵的能力的热情的代表们啊，尽管你们上一次受到如此恶劣的接待，难道你们就此认为我们不配理解你们吗？

所以，亲爱的先生，我们只能谈谈法国；而且，请相信，我用抒情的笔调谈论自己国家的艺术家是会感到一种巨大的愉悦的。然而不幸的是，在稍微有些经验的批评精神中，爱国主义并没有一种绝对专制的作用，所以我们还得承认某些令人屈辱的东西。我第一次踏进本届沙龙的时候，在台阶上遇见了一位批评家，他是我们最敏锐、最受尊敬的批评家之一，他对我的第一个问题、我自然而然地要向他提出的问题，回答道："乏味，平庸，我很少见过这样乏味的沙龙。"他说得又不对又对。一次拥有德拉克洛瓦、邦吉伊和弗罗芒坦[1]的许多作品的画

---

1. 弗罗芒坦（Eugène Fromentin，1820—1876年），法国画家、作家。

展是不可能乏味的；但是总的来看，我认为他说得对。在任何时代都是平庸占上风，这是无可怀疑的；然而确实而又令人痛心的是，它从未像现在这样支配一切，变得绝对的得意和讨厌。浏览过那么多圆满成功的平庸之作、精心绘制的无聊之作、巧妙结构的愚蠢或虚假之作以后，我自然而然地在我的思路的引导之下去考察过去的艺术家，并与现时的艺术家相比较，于是，可怕的、永恒的"为什么"就像出于习惯一样，不可避免地出现在令人泄气的思考之余。似乎在美术中和在文学中一样，热情、高贵和不安分的野心之后就是卑劣、幼稚、麻木不仁和自命不凡的乏味的平静，似乎目前没有什么东西让我们希望出现复辟时代那样丰富的精神繁荣。请您务必相信，苦于这种辛酸的思考的并非我一个人，我一会儿将为您做出证明。我于是自问：在过去，艺术家是什么呢（例如勒布仑或大卫）？勒布仑，渊博，富有想象力，精通历史，热爱宏伟的东西；大卫，这位受到侏儒谩骂的巨人，不是也喜欢过去、喜欢与渊博结合在一起的宏伟吗？而今天，作为诗人的古老的兄弟的艺术家又是什么呢？亲爱的先生，为了很好地回答这个问题，不应该害怕过于严厉。

过分的偏袒有时也会引起同样的反响的。今日的乃至于许多年以来的艺术家只不过是个**被宠坏了的孩子**，尽管他并不配。那么多的荣誉、那么多的金钱慷慨地给了一些没有灵魂、没有教养的人！当然，我并不主张在一种艺术中引进对它不适合的手段，然而，我不能不对谢那瓦尔那样的艺术家抱有好感，他总是很可爱，像书一样可爱，又总是很优雅，连他的笨拙都是优雅的。至少，我肯定可以和他（他成为拙劣的画家们嘲笑的对象，这与我何干？）谈谈维吉尔或柏拉图。普雷欧具有一种迷人的天赋，那是一种本能的趣味，把他抛向美，如同猛兽扑向它的自然的猎物。杜米埃具有一种明晰的理智，使他的谈话富有色彩。里卡尔[1]尽管讲的话跳来跳去令人眼花缭乱，却随时都让人看到他知道得很多，比较过许多东西。我想，德拉克洛瓦的谈话就更不必说了，那是一种哲学的坚实、精神的轻盈和灼人的热情的令人赞叹的混合。他们之后，我想不起来还有谁配和一位哲学家或诗人谈话了。在他们之外，您差不多只能发现**被宠坏了的孩子**。我请求您，我恳

---

1. 里卡尔（Gustave Ricard，1823—1887年），法国画家。

求您告诉我,您在哪个客厅、哪个酒馆、哪个社交或私人的聚会中听见一个被宠坏了的孩子说出过一个机智的词,一个深刻的、闪光的、精练的、发人深思或令人遐想的,总之,一个富有启发性的词!如果有这样一个词被道出,那也许不是出自政治家或哲学家之口,而是出自某个职业古怪的人、一个猎人、一个水手、一个修椅者之口,但绝不会出自一个艺术家、一个被宠坏了的孩子之口。

被宠坏了的孩子继承了前辈的当时是合情合理的特权。欢呼大卫、盖兰、吉罗代、格罗、德拉克洛瓦、波宁顿的那种热情仍然以一种慈悲的光芒照耀着他那孱弱的身体。正当优秀的诗人和刚劲的历史学家艰难地谋生的时候,愚蠢的金融家却慷慨地购买被宠坏了的孩子的下流无聊的小玩意儿。请注意,如果这种优惠施于值得称赞的人,我并无怨言。我并不是那种人,妒忌一位登上艺术顶峰的女歌唱家或女舞蹈家通过每日的辛劳和危险获得的财富。我害怕重犯已故吉拉尔丹[1]的错误,据我不确切的记忆,他有一天指责泰奥菲尔·戈蒂耶用他的想象

---

1. 吉拉尔丹(Emile de Girardin,1806—1881年),法国记者、政治家。波德莱尔写作此文时,他仍健在。

力获得比一位专区区长的服务多得多的报酬。如果您还记得，正是在那不吉的日子里，受惊的公众听见他说拉丁文；pecudesgue locutoe[1]！不，我还不至于不公正到这种程度。但是，当德拉克洛瓦的一幅极美的油画难以找到一千法郎的买主，而梅索尼埃的令人无所感的人像却卖到十倍或二十倍的价钱的时候，对当代的这种愚蠢却是应该提高嗓门，大叫大喊地予以反对的。然而，**美好的**日子已成过去，我们已跌得更低了，梅索尼埃先生尽管有许多功劳，却不幸引入并普及了一种渺小的趣味，而在现在的小玩意儿的制作者们身旁，他毕竟还是一个真正的巨人。

我认为，对一个艺术家来说，不相信想象力，蔑视宏伟的东西，喜爱（不，这个词太美了）并专门从事一种技艺，这是他的堕落的主要原因。一个人越是富有想象力，越是应该拥有技巧，以便在创作中伴随着这种想象力，并克服后者所热烈寻求的种种困难；而一个人越是拥有技巧，越是要少夸耀、少表现，以便使想象力放射出全部光辉。这就是智

---

1. 拉丁文，*说话的牲口*。

慧的教导。智慧还说：只拥有技巧者是个傻子，企图丢弃技巧的想象力是个疯子。这些事情无论如何简单，却仍然在现代艺术家之上或之下。一个门房的女儿心想："我要进音乐学院，我将在法兰西喜剧院开始演出，我将背诵高乃依的诗句，直到获得那些可以长时间地背诵这些诗句的人们的权利。"她像她说的那样去做了。她是传统上的那种乏味、讨厌和无知的女人；但是，她成功地做到了本来很容易的事，即是说，通过她的耐心获得了分红演员的特权。而被宠坏了的孩子即现代画家心想："想象力是什么？是危险和疲劳。阅读和观照过去是什么？浪费时间。我将是传统的，不是像贝尔丹[1]那样的（因为传统换了地方和名称），而是像……比方说，特洛瓦庸那样的。"他像他说的那样去做了。他画呀，画呀，终于，他堵塞了他的灵魂，他还在画，直到像时髦的艺术家了，而他也通过愚昧和技巧获得了公众的赞同和金钱。模仿者的模仿者又找到了模仿者，他们个个都继续梦想着伟大，越来越堵塞了灵魂，他们尤其是**什么也不读**，甚至连《完美的厨师》也

---

1. 贝尔丹（Jean-Victor Bertin，1775—1842年），法国画家。

不读，而这本书却可能为他们打开一条不那么赚钱却更为光荣的艺术道路。当被宠坏了的孩子掌握了调汁、古色涂料、透明的淡色、薄涂、浇汁、杂烩（我说的是颜料）的艺术时，他就摆出一副自豪的样子，怀着比以往更为坚定的信念念叨说，其余的一切都没有用。

一个德国农民去找一位画家，对他说："画家先生，我想请您替我画肖像。您把我画在我的庄园的主要入口处，我坐在一张大扶手椅里，这椅子是我父亲传给我的。在我旁边，您画上我的女人，拿着她的纺纱杆；在我们身后，是我们的女儿们，她们来来往往，正在准备晚饭。左边的大路上，我的几个儿子从田里回来，把牛牵进牛圈；我的另外几个儿子正同我的孙子们把装满牧草的车子推回来。我在观望着这番景象，我求您不要忘记我的烟斗里冒出的烟，落日的余晖使它显出层次的变化。我还想让人听见邻近钟楼上发出的晚祷的钟声。我们，父亲们和儿子们，都是在那儿结婚的。重要的是您要画出我在这个时辰一边看着我的家庭、一边看着通过一天的劳动而增加的财富时我所具有的满意的神情。"

这个农民万岁！他自己还没有想到，他已经懂得了绘画。他对职业的爱提高了他的**想象力**。我们的时髦的艺术家当中，谁能画出这幅肖像？谁的想象力能够自称达到了这位农民的想象力的水平？

二 现代公众和摄影

亲爱的先生，如果我有时间让您开心的话，我会很容易办到的，只要概述所有那些妄图吸引人们目光的可笑的标题和滑稽的主题就行了。那就是法兰西精神。力图使用与绘画艺术无涉的使人惊讶的手段来使人惊讶，这就是那些并非天生的画家的人们的大本领。有时候，在法国则总是如此，这种恶习影响了一些人，这些人并非没有才能，但他们却用一种大杂烩糟蹋了绘画艺术。我可以在您眼前历数滑稽歌舞式的滑稽标题，只少感叹号的感伤标题，文字游戏式的标题，故作高深的哲理性的标题，迷惑人的标题，或者诱人上当的标题，例如《布鲁图斯，放开恺撒吧！》之类[1]。耶稣说："嗳！这又不信

---

[1]. 布鲁图斯是一个门房的名字，恺撒是一只狗的名字。

又悖谬的世代啊，我在你们这里要到几时呢？我忍耐你们要到几时呢？"[1] 的确，这个世代，艺术家和公众，对绘画的信赖如此之少，竟不断地试图伪装它，仿佛在难吃的药的外面裹上一重糖衣；而且是什么样的糖啊，我的上帝！我向您指出两个标题，不过画我并没有看见:《爱神和白葡萄酒烩肉》！好奇心立刻便被引起来了，不是吗？我试图把爱神的概念和一只被剥光炖烂的兔子的概念紧密地联系起来。我真的不能设想画家的想象力居然能把箭筒、翅膀和蒙眼布条安在一具家畜的尸体上，寓意的确是过于隐晦了。我更相信这个标题是根据《厌世和悔恨》的秘诀拟就的。因此，真正的标题应该是:《恋爱的人正在吃白葡萄酒烩肉》。现在，他们是年轻人还是老年人？是躲在布满灰尘的棚架底下的一个工人和一个小女工还是一个残废者和一个女流浪者？那就得看画了。《王政、天主教和士兵》！这个标题属于高贵的种类，*游侠骑士*的种类，《从巴黎到耶路撒冷》[2]（对不起，夏多布里昂，最高贵的东西可以变成漫画的手段，王国首领的政治性的言论也可以变成

---

1. 见《圣经·马太福音》第17章。
2. 夏多布里昂的一部作品。

拙劣的画家的爆炸性标题）。这幅画只能表现一个人同时做三件事，即打仗、授圣体和守候着路易十四起床。也许那是一位武士，身上刺着百合花和表示效忠的图案。然而这样离题有什么用？干脆就说这是一种使人惊讶的手段吧，恶毒而无用的手段。更为可悲的是，这幅画无论显得多么奇特，可能倒是一幅好画。《爱神和白葡萄酒烩肉》亦然。我曾经注意到一组极好的雕塑，可惜没有记下编号，我想知道其主题，查了四遍目录而终无所获。最后，还是您大发慈悲，告诉我那叫作《永远和从未》。看到一个确有才能的人徒劳无益地搞画谜，我真打心眼里感到难过。

请原谅我像小报那样取笑了一番，但是，不管您觉得这内容是多么浅薄，您若仔细加以研究的话，就会从中发现一种可悲的征兆。为了以一种反常的方式简而言之，我请问你们，你们和那些比我更熟悉艺术史的朋友们，对愚蠢的兴趣、对才智的兴趣（这是一码事）是否任何时代都存在，《房屋出租》和其他过分细腻的构思是否在任何时代都激起同样的热情，委罗内塞和巴桑笔下的威尼斯是否受到隐晦的表达的损害，儒勒·罗曼、米开朗琪罗、邦迪奈利[1]的眼睛是否在类似的可怕之事面前惊慌失措，一句话，比亚尔先生是否像上帝一样永恒和无所不在？我是不相信的，我把这些可恶的东西看作是对法国人的一种特殊的恩惠。他的艺术家们给他灌输了一种趣味，这是真的；他要求他们满足这种需要，这也是真的；因为假如艺术家使公众愚蠢，公众反过来也使他愚蠢。他们是两个相关联的项，彼此以同等的力量相互影响。所以，让我们赞美我们是多么快地踏上了进步（我指的是物质的逐渐的支配作用）之路吧，共同的技巧、那种可以通过耐心获得的技巧每天都进行着多么奇妙的传播。

在我们这里，天生的画家如同天生的诗人一样，几乎是个怪物。对真（当它被限制在它的真正的用处之上时，它是那么崇高）的兴趣压迫并窒息了对美的兴趣。在应该只看见美的地方（我设想的是一种美的绘画，人们可以很容易猜出我想的是什么），我们的公众却只寻找真。他们不是艺术家，天生的艺术家，他们也许是哲学家、道德家、工程师、教诲故事的爱好者，或随便什么东西，但绝不是自发

---

1. 邦迪奈利（Baccio Bandinelli，1488—1560年），意大利雕塑家。

的艺术家。他们的感觉是渐次的、有分析的，或者更正确地说，他们这样做出判断。其他有些民族更为幸运，他们的感觉是立刻的、同时的和综合的。

我刚才提到那些试图使公众惊讶的艺术家，希望使别人惊奇和自己感到惊奇，这是很正当的。It is a happiness to wonder[1]，"感到惊奇，这是一种幸福"；同样，it is a happiness to dream[2]，"梦幻，这也是一种幸福"。如果您一定要我给予您艺术家或美术爱好者的称号，那么，全部问题就在于您是通过什么方法来创造或感觉惊奇的。美总是令人惊奇的，然而，设想令人惊奇者总是美的，这却是荒谬的。而我们的公众在感到梦幻的幸福或惊奇的幸福方面是出奇的无能（这是渺小的灵魂的标记），他们希望通过与艺术无涉的手段来感到惊奇，驯顺的艺术家们则适应他们的这种趣味。艺术家用可耻的计谋打动他们、愚弄他们，使他们惊愕，因为艺术家们知道公众不能在真正艺术的自然的手法面前心醉神迷。

在这些可悲的日子里，产生了一种新的行业，这种行业在使愚蠢坚定信念方面，在摧毁法兰西精

---

1. 英文，释义即下文。
2. 英文，释义即下文。

神中还能剩下的神圣的东西方面贡献不小。一群崇拜者要求一种与他们相称的、与他们的本性相适应的理想，这是显而易见的。在绘画和雕塑方面，目前，上流社会人士，特别是法国的上流社会人士（我不相信谁敢持相反的看法）的信条是："我相信自然，我只相信自然（这是有正当理由的）。我认为艺术是也只能是自然的准确的复制（有一个腼腆的、异端的派别要求排斥令人反感的东西，例如一把便壶或一具骷髅）。因此，给予我们一种与自然一致的结果的那种行业就是绝对的艺术。"一个复仇的上帝满足了群众的愿望。达盖尔成了他们的救世主。于是他们心想："既然摄影对准确性提供了一切所需要的保证（他们这样认为，这些失去理智的人！），那么，艺术就是摄影。"从这时起，整个卑劣的社会蜂拥而上，像那喀索斯[1]一样，在金属板上欣赏自己那粗俗的形象。一种疯狂，一种非常的狂热控制了太阳的这些新崇拜者。一些可憎的事情发生了。有人集合了一些怪男女，让他们装扮成狂欢节中的屠夫

---

1. 那喀索斯（Narcissus），希腊神话中的一个美少年，他只爱自己，不爱别人。爱神惩罚他，使他爱恋自己在水中的倒影，最后憔悴而死，变成水仙花。

和洗衣女，请这些英雄在**操作**所需要的时间内继续做着环境所要求的鬼脸，于是人们就自以为再现了古代历史上的悲剧的或优雅的场面。某个民主派的作家居然从中看到一种在人民中传播对历史和绘画的兴趣的廉价方法，他因此犯下了双重的亵渎，既侮辱了神圣的绘画，又侮辱了演员崇高的艺术。不久，几千双眼睛伸向双眼照相机的窟窿，就像伸向无限的天窗一样。对猥亵的喜爱，在人的本性中是和自爱同样根深蒂固的，它没有放过这个使自己得到满足的好机会。请不要说只有放了学的孩子们对这类愚蠢的东西感兴趣，它已经使所有的人都迷恋上了。有一位美丽的太太，不属于我的世界而属于上流社会的一位太太，我听见她对那些小心地不让她看到这样的形象的人说："尽管拿来吧，对我是没有什么过分的东西的。"我发誓我听见了，然而谁相信我？大仲马说："你们看得清楚，这是些高贵的太太！"卡佐特[1]说："还有更高贵的呢！"

由于摄影业成了一切平庸的画家的庇护所，他们不是过于缺乏才能，就是过于懒惰不能结束学业，

---

1. 卡佐特（Jacques Cazotte，1719—1792年），法国作家。

所以，这种普遍的迷恋不仅具有盲目和愚昧的色彩，而且也具有复仇的色彩。这是一种愚蠢的阴谋，在这种阴谋中和在其他阴谋中一样，人们见到的是恶人和受骗者；这种阴谋能够获得绝对的成功，我是不相信的，至少我不愿意相信。但是我确信，摄影这种进步，如同一切纯粹物质上的进步一样，错误的应用极大地加剧了本来已经很少的法国的艺术天才的贫困化。现代的自命不凡无论怎样大喊大叫，花言巧语，说出杂乱无章的诡辩（最近有一种哲学随意地使它充斥着这种诡辩），都是没有用的；那些东西说明，闯入艺术的工业成了艺术的死敌，功能的混淆使任何一种功能都不能很好地实现。诗和工业是两个本能地相互仇恨的野心家，假如他们狭路相逢，只能是一个为另一个服务。如果允许摄影在艺术的某些功能中代替艺术，那么，它将凭借着它在群众的愚蠢中找到的天然的盟友而立刻彻底地排挤或腐蚀艺术。所以，它应该回到它的真正的责任中去，即成为科学和艺术的婢女，而且是很谦卑的婢女，正像印刷和速记一样，它们既没有创造文学，也没有代替文学。让它迅速地丰富旅行者的手册并且保存旅行者可能忘记的准确性吧，让它装饰博物学家的书橱，放大微小的动物，甚至用某些材料来加强天文学家的假说吧，仅此而已。让它从遗忘中拯救那些受到时间的吞噬的尚存的废墟、书籍、图画和手稿吧，让它从遗忘中拯救其形式将要消失、需要在我们的记忆的材料中占有一席地位的珍贵的东西吧，它将因此受到感谢和欢迎。然而，如果允许它侵犯不可触知的、想象的东西的领域，侵犯那些只因为人在其中放进了自己的灵魂才具有价值的东西的话，那我们就要倒霉了。

我清楚地知道有些人会对我说："您刚才所解释的那种毛病是蠢人们的毛病。哪个无愧于艺术家称号的人，哪个真正的艺术爱好者曾经混淆过艺术和工业？"这我是知道的，不过我要问他们是否相信善与恶的感染性、群众对个人的影响以及个人对群众的不由自主的、被迫的服从。艺术家影响公众，公众反过来影响艺术家，这是一条不容置疑的、不可抗拒的规律。何况事实，这些可怕的见证，研究起来也是容易的；人们可以看到灾难有多么大。艺术一天天地减少对自己的尊重，匍匐在外部的真实面前，画家也变得越来越倾向于画他之所见，而非他之所梦；然而，**梦幻是一种幸福，表现梦幻的东西**

是一种光荣。但是，我还说什么！谁还知道这种幸福？

真诚的观察家会断言摄影的侵入和工业的大疯狂完全与这种可悲的结果没有关系吗？能够设想两眼习惯于把具体科学的结果看成是美的产物的民族未曾极大地减弱对更空灵和非物质的东西的判断和感觉的能力吗？

三　各种能力的王后

最近一些时候，我们听见有人以多种不同的方式说："摹写自然吧，只摹写自然吧。最大的快乐和胜利莫过于惟妙惟肖地摹写自然。"这种理论是艺术的敌人，它不仅企图应用于绘画，而且还想应用于一切艺术，甚至小说和诗。对这些如此满意于自然的空论家们，一个富于想象力的人肯定有权利这样回答："我认为描绘存在的东西是无用的，是枯燥乏味的，因为任何存在的东西都不能令我满意。自然是丑的，比诸实在的平庸之物，我更喜爱我所幻想的怪物。"如果他更富哲理性，他就会问这些空论家，他们是否确信外部自然的存在，假如这个问题过于深奥，不能引出他们的尖刻的回答，那就问他们是否肯定知道**自然的全部**，自然中所包含的一切。他们若回答说"是"，那可是最夸口、最荒谬的回答了。根据我对这种奇特的、恶劣的胡说的理解，这种理论的意思是，我让它相信它的意思是：艺术家，真正的艺术家，真正的诗人，只应该根据他所看到的、他所感到的来描绘。他应该**确实地**忠于他的本性，他应该像逃避死亡一样避免借用他人的眼睛和感觉，不管这个人多么伟大，否则，他给我们的作品，相对于他来说，就是谎言，而非**真实**。我说的这些学究们（在粗俗中也有学究气）在什么地方都有代表。这种理论既安慰了无能，也安慰了懒惰，如果他们不愿意事情被这样理解，那我们只能认为他们的意思是："我们没有想象力，我们宣布谁也不会有。"

这个各种能力的王后真是一种神秘的能力！它和其他一切能力有关，它激励它们，派它们去打仗。有时候，它和它们相像到化而为一的程度，但它永远是它自己。那些没有受到它鼓动的人是很容易认出来的，一种不知是什么的诅咒使他们的作品像福音书中的无花果树一样枯萎凋零。

它是分析，它是综合，但是有些人在分析上得心应手，具有足够的能力进行归纳，却缺乏想象力。它是这种东西，又不完全是这种东西。它是感受力，但是有些人感受很灵敏，或许过于灵敏，却没有想象力。是想象力告诉人颜色、轮廓、声音、香味所具有的精神上的含义。它在世界之初创造了比喻和隐喻，它分解了这种创造，然后用积累和整理的材料，按照人只有在自己灵魂深处才能找到的规律，创造一个新世界，产生出对于新鲜事物的感觉。它创造了世界（我认为即使在宗教的意义上也可以这么说），就理应统治这个世界。对一个没有想象力的武士，有什么可说的呢？他可以是个好兵，但是让他指挥军队，就打不了胜仗。这就好比说一个诗人或小说家不用想象力统率各种能力，反而让熟悉文字和观察事实来统率。对一个没有想象力的外交家，有什么可说的呢？他可以很熟悉过去历史上的条约和联盟，却设想不出未来的条约和联盟。对一个没有想象力的学者呢？他学会了一切传授给他的可以学会的东西，但他发现不了尚未被猜测到的规律。想象力是真实的王后，**可能的事**也属于真实的领域。想象力确实和无限有关。

没有它，一切能力无论多么坚实、多么敏锐，也等于乌有。如果某些次要的能力受到强有力的想象的激励，其缺陷也就成了次要的不幸。任何能力都少不了想象力，而想象力却可以代替某些能力。往往这些能力要经过好几种不适应事物本质的方法的连续试验才能发现的东西，想象力却可以自豪地直接地猜度出来。最后，就是在道德方面，它也扮演了强有力的角色，因为，恕我直言，没有想象力的美德能够是个什么呢？说到底，没有怜悯的美德，就是没有天意的美德，是某种冷酷的、残忍的、使人贫乏的东西。在某些国家成了过度的虔诚，而在另一些国家则成了新教。

尽管我把种种了不起的优越性给了想象力，我认为下面的说法不会使您的读者感到难堪：想象力越是有了帮手，才越有力量；好的想象力拥有大量的观察成果，才能在与理想的斗争中更为强大。想象力因其神圣的来源而能够代替某些能力，这一点我刚才已经说过，为了重谈这个问题，我想给您举个例子，一个小小的例子，我希望您不要看不起。您认为《安多尼》《埃尔曼伯爵》《基督山伯爵》的作者是位学者吗？不是，对吧？您认为他致力于艺术并对艺术有长期的研究吗？也不是。我认为，这甚至是与他的本性相悖的。那好，他便是一个例子，证明了想象力即便没有实践和对专门词语的了解的帮助，也不会在一个就其大部分来说是归它管辖的方面闹出异端的笑话。最近，有一次我乘火车，正想着我现在写的这篇文章，特别是想着事情的这种奇特的颠倒，在一个为了惩罚人而什么都允许他做的时代里，这种颠倒使他可以蔑视一种最可敬、最有用的道德能力，这时我忽然在邻近的座位上看见一份随便丢在那儿的《比利时独立报》。大仲马负责报道沙龙展出的作品。当时的情况使我不由得产生了好奇心。我看到我的沉思被偶然提供给我的一个例子完全地证实了，您可以猜到我是多么快乐。这个人好像代表着普遍的生命力，他盛赞一个充满了生气的时代，这位浪漫派戏剧的创造者以一种我保证不缺乏伟大的声调歌唱这个幸福的时代：在新的文学流派旁边，又兴起了新的绘画派别：德拉克洛瓦，德维里亚兄弟，布朗热，波特莱[1]，波宁顿，等等；您看，这真是一个令人惊奇的好题目！这正是

---

1. 波特莱（Hippolyte Poterlet，1804—1835年），法国画家。

他的事！Laudator temporisacti![1] 而且他还富有才智地赞扬了德拉克洛瓦，明确地说明了他的对手们的疯狂的种类。他甚至走得更远，竟指出当今最出名的，画家中最强的几位是在什么地方犯了错误。他，大仲马，他是那样随便，那样随和，居然那样正确地指出特洛瓦庸没有才能，甚至连假冒才能的东西也没有。亲爱的朋友，告诉我，您觉得事情就这样简单吗？当然，这一切都是以一种戏剧的**松散方式**写出来的，他习惯于这样和他的无数听众说话，然而，在对真实的表达中有多少魅力和突然性啊！您已经得出了我的结论：假如并非学者的大仲马不是幸而拥有丰富的想象力的话，他只会说出蠢话来。他说出了合情合理的东西，而且说得那么好，因为……（应该把话说完）因为想象力凭借着它的代替的本性而包含着批评精神。

不过，我的反对者还有一着，那就是断言大仲马并非他的《沙龙》的作者。但是，这种侮辱是如此陈旧，这一着是如此平庸，应该扔给旧货爱好者们、**书信和专栏文章**的制造者们。如果他们还没有

---

1. 拉丁文，**颂扬往昔者**。语出贺拉斯《诗艺》。

拾起来，他们就会拾起来的。

我们就要更深入地研究这种**主要**的能力（它的丰富不是令人想起紫红的颜色[1]吗？）的各种功能。我只是向您叙述我从一位大师口中学来的东西，当时我怀着一个正在学习的人的快乐验证过他对所看过的画的如此朴素的告诫，同样，我们可以把它像一块试金石一样依次用于我们的几位画家。

四 想象力的统治

昨天晚上，我在给您的信中不无胆怯地写道："由于想象力创造了世界，所以它统治这个世界。"我把这封信的最后几页寄给您之后，就翻了翻《大自然的黑夜的一面》[2]，一眼就看见了这几行，我将其笔录下来，完全是因为它们证明了使我不得安宁的那句话：

"By imagination, I do not simply mean to convey the common notion implied by that much abused

---

[1]. 这里"主要的"一词用的是形容词cardinal，与名词cardinal（红衣主教）同形，故有此联想。

[2]. 作者是科罗夫人（Catherine Crowe，1800—1876年），英国作家。

word, which is only fancy, but the constructive imagination, which is a much higher function, and which, in as much as man is made in the likeness of God, bears a distant relation to that sublime power by which the Creator projects, creats, and upholds his universe."[1]

"我说的想象,不仅仅是指人们用得很滥的这个词的一般概念,那只不过是**幻想**而已,我指的是**创造**的想象,那是一种高得多的功能,它因为人是仿照上帝的形象被造出来的而与这种崇高的力量保持一种疏远的联系,造物主就是通过这种力量设计、创造和维持他的宇宙。"

我与这位杰出的科罗夫人不谋而合,非但丝毫不感到羞耻,反而感到很高兴,我总是赞赏并羡慕她的信仰力,这种信仰在她身上和怀疑在别人身上发展到了相同的程度。

我说过,很久以前我听见过一个在本行的艺术中的确渊博深刻的人[2]就这个问题发表过最广博而最简单的见解。我第一次见他的时候,我唯一的经验

---

1. 英文,释义即下文。
2. 指德拉克洛瓦。

是一种极端的喜爱给予我的经验,唯一的推理是本能。的确,这种喜爱和本能是相当强烈的,因为我那一双非常年轻的眼睛,充满着绘画或雕刻的形象,从未能得到过满足,我认为等不到我变成破坏艺术品的人,世界就会完结,impavidum ferient[1]。显然他是想满怀宽容和好意,因为我们首先谈论的是些老一套的东西,即一些最广博最深刻的问题,例如关于自然。他常说:"自然不过是一部词典。"为了很好地理解这句话到底有多广的含义,应该想一想词典的最频繁、最平常的用途。人们在其中寻找词义、词的演变、词源,最后,人们从中提取组成一句话或一篇文章的全部成分,但是从来没有人把词典看作是一种组成,在这个词的诗的意义上的一种组成。服从想象力的画家在他们的词典中寻找与他们的构思一致的成分,他们在以某种艺术调整这些成分的时候,就赋予它们以一种全新的面貌了。没有想象力的那些人抄袭词典,从中产生出一种很大的恶习,即平庸;这种恶习特别适合于某些画家,他们的专门化越是使他们接近一种所谓无生命的自然,情况

---

1. 拉丁文,对打击无所畏惧。

就越是如此，例如风景画家，他们普遍认为不显露个性是一种胜利。他们观照和抄袭得多了，就忘记了感觉和思想。

艺术的各个部分，有人以此为主要的，有人以彼为主要的，对这位伟大的画家来说，它们都是一种无与伦比的、至高无上的能力的极恭顺的仆人。如果说准确的制作是必要的话，那是为了使梦幻被准确地表达出来；如果说制作要很快的话，那是为了使伴随着构思的非凡的印象不丧失任何东西；如果说艺术家甚至注意到工具的物质上的干净，这也不难理解，为了使制作敏捷果断，什么都得小心。

在这样的一种本质上是逻辑的方法中，所有的人物，他们相互的位置，充作背景或远景的风景或内景，他们的服饰，总之，这一切都应为突出总的构思服务，可以说，都应穿上本色的号衣当仆人。如同一种梦幻被置于一种适当的有色彩的氛围之中，一种变成了构图的构思也需要移入一个独特的有色彩的地方。显而易见，一幅画的某一部分成为关键，统率着其他部分，它是有一种特殊的色调的。谁都知道，黄色、橘黄色、红色，引起并代表着快乐、财富、光荣和爱情的观念；然而黄或红的氛围不下千百种，所有其他的颜色也会合乎逻辑地用于相应数量的主导氛围之中。显然，从某些方面看，色彩家的艺术与数学和音乐有关系。

不过，这种艺术的最精微的活动得力于一种感觉，长期的训练赋予这种感觉以一种无法形容的可靠性。人们看得出，普遍和谐这一条伟大法则反对使用许多刺眼和生硬的色彩，即使最杰出的画家也有这种情况。鲁本斯的一些画不仅使人想到五彩缤纷的焰火，而且甚至使人想到好几支焰火朝着一个地方放。画幅越大，笔触就越应宽广，这是不用说的；然而，笔触不应该实际上化成一片，而应该在一定的距离上化成一片，这个距离是由联结它们的感应法则规定的。这样，色彩就获得更多的力量，更鲜明。

一幅好的画，一幅忠于并等于产生它的梦幻的画，应该像一个世界一样产生出来。如同创造，我们所看到的创造，它是好几次创造的结果，前面的创造总是被下一个创造补充着。画也是一样，它被和谐地画出来，实际上是一系列相叠的画，每铺上一层都给予梦幻更多的真实，使之渐次趋于完善。相反，我记得曾在保尔·德拉罗什和奥拉斯·维尔奈的画室中见过一些巨幅的画，不是起草，而是开始,这就是说,有些部分已完全结束,而有些地方还只是些黑的或白的轮廓。人们可以把这比作某种纯粹手工的活计,在确定的时间内盖满一定数量的空间;或者一条分作许多阶段的长路,一个阶段完成,就没什么可做的了;当整条路完成的时候,艺术家也就从他的画中脱身了。

所有这些告诫显然已被艺术家不同的气质或多或少地改变了;然而我确信,对于丰富的想象来说,那是一种最可靠的方法。因此,离开这种方法过远则表明给了艺术的某些次要部分一种不正常的、不合适的重要性。

我不怕有人说设想一种供许多不同的个人运用的相同的方法是荒谬的。因为很明显,修辞学和韵律学并不是任意杜撰出来的束缚,而是有精神的物体的构造本身所要求的一整套规则;格律和修辞从来也不曾妨害独创性脱颖而出。而其反面,例如它们有助于独创性的发扬,倒极大限度地更为符合实际。

为简短计,我不得不省略从基本用语中推导出来的许多结果,可以说,这个基本用语包含着真正的美学的全部公式,并且可以这样来表达:整个可见的宇宙不过是个形象和符号的仓库,想象力给予它们位置和相应的价值;想象力应该消化和改变的是某种精神食粮。人类灵魂的全部能力都必须从属于同时征用这些能力的想象力。如同熟知词典并不一定意味着知道作文的艺术一样,作文的艺术本身也不意味着普遍的想象力。因此,一个**好的**画家可以不是一个**伟大的**画家,但是,一个伟大的画家必定是一个好的画家,因为普遍的想象力包容着对一切手段的理解和获得这些手段的愿望。

显而易见,根据我刚才好歹阐明了的概念(还有许多东西要谈,特别是关于各门艺术的一致的部分以及它们的方法中的相似之处!),艺术家,也就是献身于美的表现的那些人的庞大队伍可以分为两大判然有别的阵营。有一个人自称**现实主义者**,这个词有两种理解,其意不很明确,为了更好地确定他的错误的性质,我们称他作**实证主义者**,他说:"我想按照事物的本来面目或可能会有的面目来表现事物,并且同时假定我并不存在。"没有人的宇宙。另有一人,富有想象力的人,他说:"我想用我的精神来照亮事物,并将其反光投射到另一些精神上去。"虽然这两种绝对相反的方法可以扩大或缩小一切主体，从宗教的场景直到最平常的景物，但是，富有想象力的人一般地说还是得在宗教画和幻想画中露面，而所谓的静物画和风景画却在表面上向懒惰的、难以激动的精神提供了丰富的资源。

除了富有想象力的人和所谓的现实主义者外，还有一种人，他们胆怯而顺从，使他们全部的骄傲听命于一种具有虚假尊严的清规戒律。正当前者想描绘自己的灵魂，后者自以为表现了自然的时候，这些人却在使自己符合一些纯粹出于习惯的规则，这些规则完全是武断的，并非出自人的灵魂，只不过是由某个有名的画室的常规强加于人的。这种人为数很多，却很少令人感兴趣，其中包括有古代的假爱好者，风格的假爱好者，一句话，所有那些因为无能而把老一套抬高为风格的人们。

五 宗教画、历史画、幻想画

批评家注意到，参加画展的宗教画越来越少了。我知道，若从数量上看，他们是对的；但是，他们肯定也不会在质量上弄错。不止一位宗教作家，像民主派作家一样，天生把美挂在信仰上，把表现信仰的东西的困难归于缺乏信仰。这是错误的，如果不是事实充分证明恰恰相反，如果不是绘画史向我们提供了画出优秀的宗教画的渎神的、不信神的艺术家的话，这种错误可以从哲学上被证实。我们只是指出，由于宗教是人类精神的最高的虚构（我故意像一位无神论的美术教授那样说话，绝不应从中得出与我的信仰相对立的结论），所以它要求致力于表现其行动和感情的那些人具有最有力的想象力和做出最紧张的努力。因此，波利厄克特这个人物就向诗人和演员要求一种精神的升高，要求一种比爱上了地上的某个平凡人物的平凡人物或者一位纯粹政治性的英雄更强烈得多的热情。对于主张信仰是宗教灵感的唯一源泉这种理论的人，人们可以合情合理地做出的唯一让步是：诗人、演员和艺术家在制作这样的作品的时候，由于受到需要的激励而相信他们所表现的东西的真实性。所以，艺术是唯一的精神领域，人在其中可以说："我愿意，我就相信；我不愿意，我就不相信。"残酷的、令人屈辱的格言：Spiritus flat ubi vult[1]，在艺术上失去了它的权利。

---

1. 拉丁文，精神想往哪儿吹就往哪儿吹。

我不知道勒格罗[1]先生和阿芒·戈蒂耶[2]先生是否有教会所说的信仰，但他们各自画了一幅充满怜悯心的杰作，他们肯定是对所看见的东西有着足够的信仰的。他们证明了，即便是在19世纪，艺术家也能够创作出好的宗教画，只要他的想象力能够升到那个高度。尽管欧仁·德拉克洛瓦的更为重要的作品吸引着我们，向我们提出要求，亲爱的先生，我还是觉得应该首先提出两个不为人知或者鲜为人知的名字。被遗忘的或陌生的花朵为它的自然的香气平添了一种来自默默无闻的奇特香气，它的真实的价值由于发现的快乐也有所增加。我也许不应该对勒格罗先生一无所知，但我承认我还没有见过任何署着他的名字的作品。我第一次见到他的画时，是和我们共同的朋友C先生在一起，我使他注意到那幅如此谦卑、如此深刻的作品。他不能否认那些与众不同的长处，但是，那种乡村的样子，《晚祷的钟声》在晚上聚集在我们大城市的教堂的穹顶下面的穿着棉绒、棉布、印花布的那个小小的世界，还

---

1. 勒格罗（Alphonse Legros, 1837—1911年），法国画家、雕刻家。
2. 阿芒·戈蒂耶（Amand Gautier, 1837—1920年），法国化学家、医生、画家。

有那木鞋、雨伞、被劳动压弯了的背、岁月留下的皱纹，这被忧愁灼伤的干瘪的世界，有点儿使他们的眼睛感到慌乱，他那双眼睛像一位内行人的眼睛一样，喜爱高雅的上流社会的美。他显然是顺应了生怕受骗这种法国性格，那位最受其困扰的法国作家[1]曾经严酷地嘲笑过这种法国性格。然而，真正的批评家的精神应该像真正的诗人的精神一样，朝着各种各样的美敞开；他可以同样轻松地享受凯旋的恺撒炫目的崇高和住在郊区的、在上帝的目光下低头的可怜居民的崇高。如果不是忘记了现时的不幸，那也是重新感到和发现了高踞于天主教教堂穹顶的清新的感觉、自得自乐的谦卑以及穷人对公正的上帝的信任和对获救的希望！勒格罗先生的题材粗俗的外表丝毫也没有损害这种题材道德的崇高，相反，粗俗在这里却像是加在仁慈和温情中的强化剂，这证明了他是一位精神坚强有力的人。由于一种精神细腻的人可以理解的神秘的联想，那个在上帝的庙宇里绞着帽子的穿着古怪的孩子让我想起了斯特恩[2]的驴和勋章。正在吃点心的驴是滑稽可笑的，这丝

---

1. 指斯丹达尔。
2. 斯特恩（Laurence Sterne，1713—1768年），英国小说家。

毫也减少不了人们看到农庄的悲惨奴隶在一位哲学家的手中得到某些温存时所感到的温柔的感觉。穷人的孩子就是这样手足无措，颤抖着品味天上的果酱。我忘了说这幅虔诚的作品的制作是非常坚实的，稍许有些阴暗的色彩和精微的细节与虔诚所具有的永远做作的性质配合得很协调。C先生让我注意背景消失得不够远，人物好像有点贴在周围的装饰上。我承认这是个缺点，但是它让我回想起古画的热烈的天真，对我来说这反而又多了一种魅力。如果是在一幅不是这样亲切深刻的作品中，那就是不可容忍的了。

阿芒·戈蒂耶先生是一幅几年前就引起了批评界注意的作品的作者，从许多方面看，那都是一幅出色的作品。我想评判委员会是拒绝了它，但是人们可以在林荫大道的一位主要画商的橱窗里研究它，我指的是《疯人院》的院子，这题材他画过，不是根据哲学的、日耳曼式的方法，例如考尔巴赫的方法，那使人想到亚里士多德的范畴，而是怀着法兰西式的富于戏剧性的感情，这种感情又与忠实而聪明的观察结合在一起。作者的朋友们说作品中的一切都丝毫不差的准确：头、动作、面目，都是根据实物摹写下来的。我不相信，首先是因为我在画的布局上发现了一些相反的迹象，其次是因为实在的、普遍的准确从来是不值得欣赏的。今年，阿芒·戈蒂耶先生只展出了一件作品，题目很简单，《修女》。要有真正的力量才能挖掘出包容在一式的长外衣中、僵挺的帽子中、像教会中人的生活一样谦卑严肃的姿态中的敏感的诗意。戈蒂耶先生画中的一切都致力于展开主要的思想：那长长的白墙，那排列整齐的树、简朴到贫困的门面，方正的、没有女性媚态的姿势，被迫像士兵一样受制于纪律的女性，脸上凄惨地透出被牺牲的处女的带有红晕的苍白，这一切都使人感到了永恒、不变和单调的令人愉快的责任。研究这幅笔触像题材本身一样雄浑而简单的油画，我体验到一种说不出的东西，那是一种勒絮厄的某些画，菲利普·德·尚巴涅[1]的最好的画，即那些表现修士习惯的作品投射到人的灵魂中去的东西。假如读我的文章的人中有几位想去找这些画，我想应该告诉他们，在画廊的尽头，在建筑物的左半部的一间方形大厅里，人们放了无数的画，大部分是

---

1. 菲利普·德·尚巴涅（Philippe de Champagne，1602—1674年），法国画家。

所谓的宗教画,他们可以在那里找到。那个大厅看起来很冷落,去的人很少,就像是园子里太阳照不到的一个角落一样。这两幅朴实的油画就被弃置在这间假还愿物的贮藏室、这条充满了石膏色的愚蠢之物的广阔的银河之中。

德拉克洛瓦的想象力!他的想象力从不畏惧攀登宗教的困难高度,上天是属于他的,正如地狱、战争、奥林匹斯山、快乐是属于他的一样。这正是画家—诗人的典型!他的确是为数不多的上帝的选民之一,他的精神之广把宗教也包容在他的领地之中。他的想象力像点满蜡烛的小教堂一样明亮、辉煌而又鲜红。激情中一切痛苦的东西都使他激动万分,教会中一切壮丽的东西都使他得到启示。他轮番在他那充满灵感的画布上倾倒着鲜血、光明和黑暗。我相信他很愿意把他的天生的豪华作为额外的东西添加在福音书的庄严之上。我见过德拉克洛瓦的小幅画《天神报喜》,拜访马利亚的天使不是一个,而是由其他两个天使庄重地引导着,这场天上的求爱的效果是有力而迷人的。他青年时代的一幅作品,《持橄榄枝的基督》("主啊,把这圣餐杯从我面前拿开吧",在圣安多尼街的圣保罗教堂里),洋溢着女性的温柔和诗的甜蜜。在宗教中发出如此高亢巨响的痛苦和壮丽，总是在他的精神中引起回声。

然而，亲爱的朋友，这个非凡的人，他可以和司各特、拜伦、歌德、莎士比亚、阿里奥斯托、塔索、但丁及福音书争雄，他用他的调色板的光辉照亮了历史，在我们的着迷的眼睛里倾注了他的汹涌的幻想，这个人虽然年事已高，却总是充满了一种顽强的青春，他从少年时代起就把全部时间用于锻炼他的手、记忆力和眼睛，以便为他的想象力准备更可靠的武器。不过这位天才最近却在一位年轻的专栏作家身上找到了一位教他画画的老师，而这位专栏作家的可敬的职业迄今为止仅限于报道太太们的裙子，例如刚刚在市政厅举行的舞会上的裙子。啊！粉红色的马，啊！淡紫色的农民，啊！红色的烟（多么大胆，一缕红色的烟！），都受到了严厉的对待。德拉克洛瓦的作品被骂得体无完肤，被当作了无用的碎纸。这类文章在所有的资产阶级客厅里被谈论着，总是以这几句话开头："我应该说我无意自诩为行家，绘画的奥秘我是一窍不通，不过……"（既然如此，为什么还要谈？）一般是以一句尖酸刻薄的话收尾，那句话相当于投向懂得难懂之物的幸福的人们的一瞥妒忌的目光。

您会说,有什么关系,既然天才胜利了,蠢话又有什么关系?但是,亲爱的,衡量一下天才所遇到的抵抗力并非多余,这位年轻的专栏作家的重要性仅限于代表资产阶级的中等的智力,不过这也足够了。想想吧,这出反对德拉克洛瓦的闹剧从1822年就开始了,而且总是到时候就来,我们的画家每次画展都带给我们好几幅画,其中至少有一幅是杰作,不知疲倦地显示了——借用梯也尔先生的礼貌而宽容的话来说——"优势所具有的冲劲,**其余的作品的过于一般的价值使人们有些失望了,但这股冲劲又带来了希望**"。稍远些,他又补充道:"看到这幅画(《但丁和维吉尔游地狱》),我不知道对于那些伟大的艺术家的一种什么样的回忆**攫住了我**;我又看到了这种野性的、热烈的,但是自然的力量,它毫不费力地被自己裹挟而去。……我不相信我看错了,德拉克洛瓦先生是**有天才的**。让他坚定地前进吧,让他投身于巨大的工程吧,这是天才的**不可缺少的条件**……"我不知道梯也尔先生一生中做了多少次预言家,不过那一天他的确是预言家。德拉克洛瓦确曾投身于巨大的工程,但这并没有使舆论变得温和。看到颜料的这种汹涌的、滔滔不绝的倾注,不难猜出他是个什么样的人。有一天晚上,我听见他说:"像所有我这个年纪的人一样,我也曾有过好几种激情,但是,唯有在工作中我才感到完全地幸福。"帕斯卡尔说,长袍、红袍和羽饰被创造出来就是为了让老百姓敬服,给真正值得尊重的东西贴上标签。然而,德拉克洛瓦所受到的官方的器重却并没有封住无知的嘴巴。但是,仔细看看这件事情,像我这样的一些人希望艺术上的事情只可在贵族间谈论,并且相信是选民的稀少才造就了天堂,事情这样是再好不过了。有特权的人!上帝为他储备了敌人。有福者中的有福者!他的才能不仅克服了障碍,而且还产生了新的天才以克服更多的障碍!在一个古人无法生存的时代和国家里,他是和古人一样伟大的。因为,当我听见有人把拉斐尔和委罗内塞这些人捧到天上,而其用意明明是贬低产生在他们之后的长处时,我就一面对这些巨大的影子满怀着热情(其实他们并不需要),一面想,一种至少与他们相等的长处(让我们暂时承认低于他们吧,这纯粹是出于好意)是否更值得称赞,既然它是在一种敌对的气氛和土地上胜利地发展起来的?文艺复兴时代的那些高贵的艺术家们若不是伟大、多产、卓越，那他们就有罪了，因为鼓励和激励他们的是一大群显赫的贵族和教士，甚至还有群众，在那个黄金时代里，群众都是艺术家！而现代的艺术家却是不顾时代的阻拦而升得很高，这如果不是某种时代所不能接受的东西，或者是应该让未来去评论的东西，我们还能说些什么呢？

再回到宗教画上来吧，告诉我，您可曾见过比《下葬》表现得更好的那种必然的庄严吗？您真的认为提香能创造出这种东西吗？他可能构思和曾经构思过的东西是另外的样子，而我却更喜欢这种方式。背景是墓室，新宗教必须长期过着的地下生活的象征！外面的空气和光线顺着螺旋形的阶梯爬了进来。母亲要晕过去了，难以站立！请顺便注意，欧仁·德拉克洛瓦没有把这位圣洁的母亲画成纪念册上的懦弱女子，他赋予她一种悲剧性的动作和气魄，与这位母亲中的佼佼者十分相合。一位爱好者凝视着那几个人小心翼翼地把他们的上帝的尸体下到墓室中去，下到那个人人敬仰的墓室中去，即勒内所说的"在世界末日唯一没有什么可交代的坟墓"中去！只要这位爱好者稍微有些诗人气质，这时就不能不感觉到德拉克洛瓦的想象力,这种想象力打上的不是历史的印象,而是诗的、宗教的、普遍的印象。

《圣塞巴斯蒂安》不仅在绘画方面是个奇迹,而且也是一件表现忧郁的精品。《登上骷髅地》是一件复杂的、热情的、深奥的作品。深谙他的世界的艺术家说:"这幅画本来应该画得很大,放在圣绪尔比斯教堂的施洗小教堂里,后来小教堂的用途改变了。"尽管他考虑得很周到,对公众说得很明白:"我想让你们看看人家让我画的一件很大的作品的小型的草稿。"批评家们像平常一样不放过这个机会,说他只会画草图!

看那位教授《爱的艺术》的杰出诗人[1],他躺在荒野的绿地上,带着一种女性的慵懒和忧愁。他的罗马的好朋友们能够消除皇帝的怨恨吗?他有朝一日会重新得到那个神奇城市的奢华的快乐吗?不,从这个没有荣光的地方只会流出《悲歌》[2]的长而忧郁的河;他将在这里生活,他将在这里死去。"有一天,我过了伊斯特尔河,朝它的入海口走去,稍稍

---

1. 指拉丁诗人奥维德(Publius Ovidius Naso,公元前43—公元17或18年)。
2. 奥维德的一部作品。

离开了猎人的队伍,我看见了奥克辛海[1]的波涛。我发现了一座石头的坟墓,上面长了一棵月桂树。我拔掉了覆盖着几个拉丁字母的草,立刻就读出了一位不幸的诗人的哀歌的第一句:

"'我的书,到罗马去吧,你自己去罗马吧。'

"我不能为您描述我在这荒漠的深处发现奥维德墓时所感到的东西。对于我也经受着的流放的痛苦,对于才能之无用于幸福,我什么样的忧思没有啊!罗马,今天被它的最聪明的诗人描绘着,罗马看见奥维德的眼泪从干涸的眼中流了二十年。啊!伊斯特尔河畔的野蛮人不像奥索尼人那么忘恩负义,他们还记得到过他们的森林的俄耳甫斯[2]!他们在他的骨灰周围跳舞,他们甚至还记得他的几句话;他们对这位罗马人有着多么甜蜜的回忆,他说自己是野蛮人,因为撒尔马特人听不懂他的话!"

说到奥维德,我引述厄多尔[3]的沉思,这并不是没有用意的。《殉道者》中的诗人的忧郁口吻与这幅画一致,信仰基督教的囚徒的颓丧的悲哀被反映得

---

1. 奥克辛海(Pont-Euxin),地中海古称。
2. 俄耳甫斯(Orphée),希腊神话中色雷斯的诗人和歌手。
3. 厄多尔(Eudore)夏多布里昂的《殉道者》的主人公。

恰如其分。那里面有着笔触和感情的雄浑,这正是写出《纳谢兹人》的那支笔的特点;而且我在欧仁·德拉克洛瓦的充满野性的牧歌中认出了一个*十分美丽的故事,因为他在其中放上了荒原上的花,窝棚的美和一种我不敢自诩保留了下来的叙述痛苦的朴素*[1]。当然,我并不试图用我的笔表达从这种绿莹莹的流放中散发出来的如此忧伤的快乐。说明书采用了德拉克洛瓦的评论的明晰简洁的语言,说得很简单,实际上这更好:"有些人怀着好奇心研究他,另一些人则以自己的方式欢迎他,献给他野果和马奶。"无论他多么忧伤,高雅的诗人不能对这种野蛮人的恩惠和淳朴的款待的魅力无动于衷。在细腻而丰富的奥维德身上的一切都进入了德拉克洛瓦的画中;如同流放给了杰出的诗人所缺乏的悲伤,忧郁也把它那迷人的外衣盖在了画家的丰富多彩的景物上。我不可能说德拉克洛瓦的某幅画是他最好的画,因为那总是一个桶里的酒,沁人心脾,美味可口,风味独特;但是,人们可以说《奥维德在斯基泰人中间》是他的最令人惊奇的画之一,只有他才能构思出来,画出来。创作出这种东西的艺术家可以说自己是个幸福的人,而每天

---

[1] 引自《阿达拉》。

都能以此大饱眼福的人也可以说自己是个幸福的人。精神带着一种缓慢而贪食的快感深入到画中，就好像深入到天空中，海平线上，充满了思想的眼睛中，丰富的、满是梦幻的倾向中一样。我确信，对于精神细腻的人来说，这幅画是有着一种特殊的魅力的。我几乎可以打赌，它应该比其他的画更使具有敏感的、诗的气质的人感到愉快，比方说，使弗罗芒坦先生感到愉快，我将很高兴一会儿跟您谈谈他。

我绞尽脑汁，想抓出某个提法来很好地说明欧仁·德拉克洛瓦的**特殊性**。优秀的素描家，神奇的色彩家，热情而丰富的构图家，这都是显而易见的，也早已说过了。然而，他那种新鲜感从何而来呢？较之过去，他多给了我们什么？他和伟大的人一样伟大，他和灵巧的人一样灵巧，但为什么他更使我们愉快呢？似乎可以说，他具有更为丰富的想象力，他尤其表现了大脑的深处，事物的惊人的一面，他的作品是多么忠实地保留了他的构思的特点和格调！这是有限中的无限，这是梦幻！我所说的梦幻指的不是黑夜中的杂物堆积场，而是产生于紧张的沉思的幻象，在那些不那么丰富的头脑中，这种幻象产生于人工的刺激物。一句话，欧仁·德拉克洛瓦主要是描绘最美好的时刻中的**灵魂**。啊！亲爱的朋友，这个人有时候真让我想活得和子孙满堂的老人一样长久，或者，不管为了复活而需要怀着多么大的勇气去死（"让我回地狱吧！"被色萨利女巫复活的不幸者说道），我也想适时地复活，看看他在未来激起的狂喜和赞颂。然而这有什么用？当这幼稚的愿望被满足即看到预言实现之时，我会得到什么好处呢，如果不是羞愧地承认我是一个软弱的灵魂，总是需要看到自己的信念被别人赞同？

讽刺短诗式的法兰西精神，加上一种学究气的成分，再在它那天然的轻松中去掉少许的严肃，就该产生出一种派别，宽容厚道的泰奥菲尔·戈蒂耶礼貌地称之为新希腊派；而如果您愿意的话，我却要称之为**刺耳派**。在这里，博学是为了掩盖想象力的缺乏。在大多数情况下，只不过是把普通的、庸俗的生活移进一种希腊或罗马的环境里去罢了。德佐布利[1]和巴泰勒米[2]可是帮了大忙，赫丘拉诺姆[3]

---

1. 德佐布利（Charles Dezobry，1798—1871年），法国作家。
2. 巴泰勒米（Abbé Jean-Jacques Barthélemy，1716—1795年），法国作家、学者。
3. 赫丘拉诺姆（Herculanum），意大利那不勒斯东南、维苏威火山脚下的一座古城。

的壁画的仿作,因不易察觉的揉擦而产生的暗淡的色调,使画家们得以逃避一幅丰富而扎实的油画的一切困难。这样,一方面是陈旧的手法(严肃的成分),另一方面是把生活中的庸俗移进古代的环境(令人惊奇和获得成功的成分),它们从此要取代好画所必需的一切条件了。因此,我们将看到古代的孩子玩着古代的弹子和古代的铁环,还有古代的玩偶、古代的玩具;牧歌风的孩子装扮成太太和先生(《我的妹妹不在那儿》);爱神骑着水兽(《浴室装饰》)和许许多多的《爱情掮客》,她们把商品吊在翅膀上,就像一只兔子把商品挂在耳朵上一样,应该把她们送到毛格街广场上去,那儿是个很兴旺的鸟市,鸟儿要更自然。爱神,不可避免的爱神,糖果商的不死的丘比特,在这一派中起了一种支配的和普遍的作用。他是这个风流娇媚的共和国的总统,是一条适应各种调味汁的鱼。我们不是懒得看见颜色和大理石用在托马斯·胡德[1]呈现给我们的这个老色鬼身上吗?他生着翅膀,像个虫子或鸭子,他像残废人一样地蹲着,把他那一身软绵绵的肥肉压在

---

1. 托马斯·胡德(Thomas Hood,1799—1845年),英国画家。

充作坐垫的云彩上。他的左手以持剑的姿势拿着弓,弓倚在大腿上,他的右手用箭执行命令:拿起武器来!他的头发卷曲而浓密,活像车夫的假发;他的两腮鼓鼓的,压迫着鼻孔和眼睛;他的肌肉,还是说肉吧,一块块隆起,呈管状,鼓了起来,就像是挂在屠户的铁钩子上的肥肉,大概是因为千篇一律的牧歌的叹息而膨胀了;他的山一样的背上装了两个蝴蝶翅膀。

"这就是那个压住美人胸脯的梦魇吗?这个人物就是那个不相称的对手吗,正是因为他帕斯托莱拉在一张最窄的处女的床上喘息不已?主张精神恋爱的阿芒达(她完全是精神的),在她谈论爱神的时候,指的就是这个可触可摸的东西啰?他可完全是肉体的。而贝兰达真的相信这个超实体的弓手能够埋伏在她的危险的蓝眼睛里?

"传说普罗旺斯的一位姑娘爱上了阿波罗的塑像,并因此而死。然而,这位热情的小姐说过疯话吗?她是在这丑恶的形象的基座前憔悴了吗?是否更应该说,难道这不是一种不寻常的象征,说明姑娘们对爱神的接近胆怯并进行尽人皆知的抵抗吗?

"我不难相信,他只为自己才需要**整个一颗心**,

因为他应该把它充满直到发胀。我相信他的自信，因为他像是深居简出，不大适于走路。如果他化得快，那是因为他一身肥油；如果他烧得旺，因为所有肥胖的肉体都是这样。像所有这般分量的肉体一样，他无精打采，一个这样大的风箱叹气，也是很自然的。

"我不否认他跪倒在太太们的脚下，既然这是大象的姿态；也不否认他发誓说这种敬意是永恒的；当然，如果设想它不是永恒的，那将是很不容易的。我毫不怀疑，他会因如此之胖、脖子如此之短而死！如果说他是盲目的，那是因为他那猪一般的脸上起了浮肿，挡住了视线。让他住在贝兰达的蓝眼睛里吧。啊！我太异端了，我绝不会相信；因为她的眼睛里从不曾有过猪圈[1]！"

这些东西读起来令人愉快，是不是？也使我们对这个长着酒窝的大胖娃娃解了解恨，他是代表着群众对爱神的看法。至于我，假使让我来表现爱神，我大概要把他画成一匹吞噬了主人的狂暴的马，

---

1. 一个猪圈容纳好几口猪，而且还有用同音异义词进行的文字游戏；人们可以猜到sty（这是个英文词，其意为麦粒肿，另有一意是猪圈）一词的引申义是什么了。——原注

或者一个因放荡和失眠而眼圈发黑的恶魔,他像幽灵或苦役犯一样脚上拖着哗啦哗啦响的铁镣,一只手摇着一小瓶毒药,另一只手挥动着杀人的血淋淋的匕首。

这一派同时和格言、画谜及旧瓶装新酒有关系,其主要特点(在我看来)就是无休止地令人不快。就画谜来说,它直到现在还逊于《爱情消磨时间》和《时间消磨爱情》,它们具有一个不害羞的、准确的、无可指责的画谜的长处。由于热衷于给现代的平庸生活穿上古代的服装,这一派不断地干出我很愿意称为"倒置的漫画"那种事情。如果它想变得更加令人不快的话,我把爱德华·富尼埃先生的小书[1]指给它作为题材的取之不尽的源泉,我认为这是帮了它一个大忙。把全部历史、全部职业、全部现代技艺都穿上旧时的衣服,对于绘画来说,我认为这是一种使人惊奇的可靠而无穷尽的手段。可敬的博学者本人也会从中得到某种乐趣。

不可能不承认杰洛姆[2]先生具有高贵的素质,首先就是求新和对大题材的兴趣;然而,他的独创性

1.《旧瓶装新酒:现代发明和发现的古代史》。
2. 杰洛姆(Jean-Léon Gérome,1824—1904年),法国学院派画家。

(如果有独创性的话)常常有一种艰涩的、不明显的性质。他冷静地用一些小配料和幼稚的方法使题材活跃起来。想到一场斗鸡自然要勾起对马尼拉或英国的回忆。杰洛姆先生把这种游戏搬进某种古代的田园画中,试图以此来愚弄我们的好奇心。尽管他做出了巨大的、高尚的努力,到目前为止他仍然是刺耳精神的第一人,将来恐怕也是如此,例如《奥古斯都时代》这幅画,还是证明了杰洛姆先生的那种法国倾向,即在绘画以外的地方寻求成功。罗马人的竞技表现得很准确,地方色彩惟妙惟肖,这我丝毫也不想怀疑,我对这个题材并没有丝毫的怀疑(不过,既然有戴盔持剑执盾的角斗士,那么以三叉戟、匕首和网为武器的角斗士又在哪里呢?);但是,把成功建立在这样的成分上,不是在进行一场如果不是不正当起码也是危险的赌博吗?不是会在许多人那里引起一种不信任的抵制吗?他们会摇头,心想他是否确信事情果然是这样进行的。即便假设这样的批评是不公正的(因为人们一般都承认杰洛姆先生具有一种对古代好奇和渴望获得学问的精神),也是对一位用一页博学的文章的乐趣取代纯粹绘画的享受的艺术家的一种应有的惩罚。应该说,杰洛姆先生的笔法从来也不是遒劲和独特的，相反，它是犹豫不决的，特点不明显，总是游移于安格尔和德拉罗什之间。对于这幅画，我还要加以更严厉的指责。即使是要显示罪行和放荡之中的冷酷无情，即使是要让我们猜到贪婪之中的隐秘的卑劣，也不必与漫画结盟；而且我还认为，指挥的习惯，尤其是指挥人的时候，由于缺乏美德而使人具有某种高贵的姿态，但这位所谓的恺撒、这个屠夫、这个肥胖的酒贩子距此却过于遥远了，正如他那自满的、挑衅的姿势让人想到的那样，他至多能够指望**大腹便便的人**[1]和志得意满的人的报纸的主编那种角色。

《康多尔王》也是一个圈套和一种消遣。许多人在家具和国王的床的装饰面前心醉神迷，原来这就是亚洲的卧室呀！多么豪华！但是，那个可怕的王后是如此珍爱自己，看她一眼就像摸她一下一样使她感到受了亵渎，她果真像那个呆板的木偶吗？何况，这种正处于悲剧和喜剧中间的题材具有一种很大的危险。如果亚洲故事不是以一种亚洲的、阴郁的、血腥的方式来处理，它引起的总是喜剧性，它

---

1. 指中间派议员。

在人的精神中唤起的总是博杜安[1]和18世纪的比亚尔们的淫猥：一扇虚掩着的门，使睁大了的眼睛得以监视在一个侯爵夫人的夸张的诱惑力中如何使用灌注器。

尤利乌斯·恺撒！这个人的名字在想象力中射进了怎样的落日的光辉啊！假若果然有地上的人与神祇相像的话，那就是恺撒。强大而有魅力！勇敢，博学，宽宏大度！全部的力量，全部的荣耀，全部的优雅集于一身！他的英名总是超越了胜利，死后还在增加；他的胸被刀刺穿，只发出父爱的喊声，他认为铁器造成的创伤不如忘恩负义造成的创伤残酷！肯定，这一次杰洛姆先生的想象力是被激励起来了，它是经历了一次有利的危机，才构思了它的单独的、躺在被推翻的宝座前的恺撒，构思了这具罗马人的尸体，他曾经是大祭司、武士、演说家、历史家和世界的主人，他一个人占满了一座广阔的、荒凉的大厅。有人批评这种表现主题的方式，其实怎么赞扬也不过分。效果的确是宏伟的。这可怕的概括足够了。我们都相当熟悉罗马历史，足以想象

---

1. 博杜安（Pierre-Antoine Baudoin，1723—1769年），法国画家。

得出不言中的意思,事前的混乱和接踵而至的喧闹。我们猜得出这堵墙后面的罗马,我们听见了那个愚蠢的、被解放了的对被害者和凶手都是忘恩负义的人民的喊声:"让布鲁图斯成为恺撒!"对画本身来说,还有某种不可解释的东西需要解释。恺撒不能是一个马格里布人,他的皮肤本来是很白的,这个独裁者像一个讲究的浪荡子一样注意修饰自己,那么为什么他的脸和手臂是一种土灰色呢?我听人解释说是因为死亡给面孔带来一种死尸的色调。如果是这样的话,那么是否应该设想活人变成死尸已有多长时间了呢?这种借口的提倡者应该对腐败感到遗憾。另有一些人仅限于指出手臂和头被笼罩在阴影之中。但是,这种借口意味着杰洛姆先生不会表现暗处的白皮肤,而这是不可信的。所以,我不得不放弃对这一秘密的探求。这幅油画就是这样,带着它的一切缺点,是他很久以来让我们看到的最优秀的一幅画,毋庸置疑,也是最为动人的一幅画。

法国的胜利不断地产生出大量的军事画。亲爱的先生,我不知道您对作为职业和专长的军事绘画做何感想。我不认为爱国主义一定产生出对虚假和琐事的兴趣。仔细想想,这种类型的画是要求虚假和无用的东西的。一次真正的战斗并不是一幅画，因为要看出来是一场战斗并且使人感兴趣，它只能用白色的、蓝色的或黑色的线条来加以表现，以此来模拟一排排的军队。在这类画的构图和在现实中一样，场地变得比人更为重要。然而，在这种情况下，就没有画了，至少是只有一种表现战术和地形的画了。奥拉斯·维尔奈先生有一次，甚至好几次认为通过一系列堆积和重叠的插曲已经解决了这个难题。这样，画就丧失了整体性，仿佛一场拙劣的戏，其中过多的枝节使人看不到主题和最初的构思。因此，为战术家和地形学家画的那种画是要除外的，我们应将其排除出纯粹的艺术，一幅军事画要能看得懂并且有趣，只有一个条件，即它只**不过是军事生活的一个插曲**。例如，皮尔[1]先生就很明白，我们常常欣赏他那些聪明而扎实的作品，从前的夏莱和拉费[2]也是如此。然而，就是在简单的插曲中，在对于一群人在一小块确定的空间里混战的简单表现中，观众的眼睛也常常得忍受多少虚假、多少夸张和怎样的单调啊！我承认，在这类景象中，使我最感痛

---

1. 皮尔（Isidore Pils，1813—1875年），法国画家。
2. 拉费（Auguste Raffet，1804—1860年），法国画家。

心的不是大量的创伤和对于残肢断体的令人厌恶的滥用，而是暴力行为中的静止和一种不动的疯狂的可怖而冰冷的怪相。还有多少正确的批评做不出来呀！首先，现代政府让军队穿清一色的制服，这种长长的单色的队伍是难以入画的，于是，艺术家们在尚武的时候就更愿意在过去中寻找可行的借口来展示五花八门的武器和服装，邦吉伊先生在《三十年战争中的一次战斗》中就是这样做的。其次，在人的心中有对于胜利的某种夸大到撒谎程度的爱，常常使这种画有一种辩护的虚假气。对于一种理智的精神来说，这是颇能够使一种随时准备爆发出来的热情冷却下来的。大仲马最近为此重提《啊！如果狮子会画！》[1]这篇寓言，他因此而招致一位同行的严厉指责。应该说时机选择得不好，他应该补充说任何民族都在他们的舞台上和美术馆中展示出同样的缺点。您看，亲爱的，一种排他的、与艺术不相干的激情可以把一位爱国的作家引向何等的疯狂！有一天，我翻阅了一本表现法国的胜利并附有文字说明的著名画册。其中有一幅画的是签订和平条约。

---

1. 拉封丹的一篇寓言，叫作《被人击败的狮子》，其中一头狮子对人说："要是我的兄弟们也会画画，他们更有理由把我们的优势来画下。"

画上的法国人穿着皮靴，带着马刺，盛气凌人，眼睛几乎是侮辱地看着谦卑而窘迫的外交官；而文章则赞扬艺术家善于用肌肉的力量表达前者精神上的魄力，用女人气的身体的肥胖表达后者的怯懦和软弱！不过，我们还是不要谈论这些幼稚可笑的东西吧，过长的分析会离题太远，我们只指出一个教训，即在表达最高尚最慷慨的感情时，人们是能够不知羞耻的。

有一幅军事画我们是应该赞扬的，而且应该怀着全部的热情来赞扬；不过那不是一场战斗，而差不多是一派田园风光。您已经猜到，我要谈的是塔巴尔[1]先生的画。说明很简单：《克里米亚战争，收集草料的骑兵》。那么多的绿草地，那么美的绿草地，顺着山势缓缓地起伏！灵魂在这里呼吸着一种复杂的香气，这是植物的清新，这是大自然的中静的美，与其说令人深思，不如说令人遐想，这同时也是对这种热烈的、冒险的生活的观照，在这种生活中，每一天都需要不同的劳顿。这是一首战争间隙中的牧歌。草捆已经堆起，必需的收割已经进行，

---

1. 塔巴尔（François Tabar，1818—1869年），法国画家。

工作大概已经结束,因为号角在空气中发出响亮的呼唤声。士兵一队队地回来了,沿着山坡的起伏上下,带着一种懒洋洋但不失规矩的从容。根据这样简单的题材画出更好的画,那是很困难的。一切都是真实的、优美的,甚至包括军装上的杠杠或者红军裤上这儿那儿的唯一的系带。像丽春花或罂粟花一样鲜艳的军装使这一片广阔的绿海顿时变得赏心悦目。而且题材也具有启发性,尽管事情发生在克里米亚,可是我面对着这支收割的军队,在打开目录之前我就首先想到了我们的非洲部队,我们总是想象他们是那么随和、那么灵巧、那么真正地**罗马化**[1]了。

我的报道的开头几页是颇有章法的,紧接着出现了表面上的杂乱,您对此不必感到惊讶。这一章的题目中有三项内容,其中之一使用了*幻想画*一词,这并非没有几分理由。风俗画意味着某种平淡,浪漫画稍微更符合我的意思,又排除了幻想的概念。特别应该在这类画中进行认真的挑选,因为幻想越是容易和开放,就越是危险,像散文诗和小说那样

---

1. 指非洲军团的士兵们正像罗马士兵一样在当地定居。

危险;它如同妓女激起的爱情,很快就跌入到幼稚或卑劣之中;它也像一切绝对的自由一样危险。然而,幻想像那个能思想的生物居住的并使之丰富多彩的宇宙一样广大。它是由随便哪一个人加以表达的随便哪一种东西,如果此人的灵魂不能在事物的自然的隐晦之下投下一道神奇而超自然的光亮,那它就是一种可怕的无用的东西,就是被随便哪一个人玷污了的随便哪一种东西。这样,就不再有相似性而只有偶然性了,它变得混乱矛盾,成了一块因缺乏有规律的耕作而花里胡哨的土地。

我们可以顺便以一种欣赏和近乎遗憾的目光看一看几个人的迷人的作品,在那个我于本文开头谈到的高贵的复兴时代,他们代表了漂亮、讲究和优美,例如欧仁·拉米,他用他那些不合常情的小人物讲我们看到了一个业已消失的世界和趣味;而瓦吉埃,他是那样地热爱华托。那个时代是那么美,那么丰富,当时的艺术家没有忘记精神的任何需要。正当欧仁·德拉克洛瓦和德维里亚创造宏伟和别致的时候,别的人则不断地增加着理想的优雅的行时画册,他们在小巧方面是富有才智的、典雅的,他们是贵妇的小客厅和轻佻的美的画家。这种复兴在各方面，无论是英雄画还是小花饰，都是伟大的。今天，在更大的范围内，夏普兰[1]先生，这个优秀的画家，有时还继续着那种对漂亮的崇拜，只是稍许多了些笨重；这少了些世界气，多了些画室气。南特伊先生是最典雅最勤奋的创作者之一，他们为那个时代的第二阶段争了光。他在他的酒里掺了一指水，但他一直是有力地、富有想象地进行着描绘和布局。在这个胜利的流派的孩子们身上有一种命运注定的东西。浪漫主义是一种优美，或是天堂的，或是地狱的，它给我们留下一些永恒的烙印。南特伊为他的朋友们的著作画了些黑色或白色的插图，我每次观赏，都不能不感到有一阵清凉的微风触动了回忆。还有巴龙先生，他不也是一个天赋奇特的人吗？不必过分地夸大他的长处，然而看到在任性而朴实的作品中运用了那么多的才能，不也是很令人愉快的吗？他布局精彩，组合有才气，设色有热情，他在他的所有戏剧中都投进了一种有趣的火焰，说是戏剧，因为他的布局有戏剧性和某种类似歌剧天才的东西。如果我忘记感谢他，我就是忘

---

1. 夏普兰（Charles Chaplin，1825—1891年），法国画家。

恩负义了,他给了我一种美妙的感觉。当一个人走出一间又脏又暗的陋室,突然被带进一个干净、摆着精巧的家具、涂着柔和的颜色的房间时,他就感到他的精神亮了起来,感情准备好接受令人愉快的东西。这就是《圣吕克饭店》使我感到的肉体上的愉快。我刚刚怀着忧伤看见了一大堆石膏色的、土灰色的可怕而庸俗的东西,当我走近这幅丰富而明亮的油画时,我感到我的心叫了起来:我们可到了上流社会了!那把一群群贵客引到披满常春藤和玫瑰花的廊下的泉水是多么清凉!那些有人陪伴的女人是多么光彩照人!她们的伴侣都是精于审美的大画家,他们为了赞美自己的主人而沉浸在这欢乐窝里!这幅画如此丰富、如此欢快,同时,其姿态又如此典雅、如此漂亮,它是绘画迄今试图表达的最美好的、充满了幸福的梦幻之一。

从规模上看,克雷辛格先生的《夏娃》是刚才我们谈到的那些迷人可爱的作品的自然的对比。在沙龙开幕前,我就听见许多人对这幅神奇的《夏娃》说长道短,在我看到它的时候,因为对它怀着那么多成见,我首先发现人们对它的嘲笑太过分了。这种反应是很自然的,但也得力于我对**宏伟**的一种不可救药的爱。亲爱的,我应该向您坦白,这也可能会使您发笑:在自然中和在艺术中,假定价值相等,我偏爱**宏伟**的东西,巨大的动物,雄伟的风景,巨大的船,高大的男人,高大的女人,宏伟的教堂,等等,把我的趣味变成原则,我认为在缪斯的眼中,规模也并不是一个无足轻重的因素。何况说到克雷辛格先生的《夏娃》,其形象还有别的优点:恰如其分的动作,符合佛罗伦萨趣味的焦虑不安的优雅,精心描绘的凸起,特别是身体的下半部,如膝盖、大腿和腹部,就像人们应该在一位雕塑家手上看到的那样,这是一件很好的作品,比人们所说的要好。

您还记得埃贝尔[1]先生的开端,幸运的几乎是轰动的开端吗?他的第二幅画特别引人注目。如果我没有弄错的话,那是一幅女人的肖像。这女人富有曲线,她不仅呈乳白色,而且近乎透明,她在一种狂喜的气氛中扭曲着身子,装模作样,不过很优雅。成功肯定是名副其实的,埃贝尔先生一开始就成了个总是受欢迎的人,仿佛一个知名人士一样。不幸的是,造成他的应得的名声的东西也许有一天会造

---

1. 埃贝尔(Ernest Hébert,1817—1908年),法国画家。

成他的堕落。这种知名过分情愿地自囿于细腻的魅力以及画册和纪念册单调的忧郁了。无可怀疑，他画得很好，但他的威望和力量还不足以掩盖构思的弱点。我试图在我所看到的他身上的一切可爱之处下面进行挖掘，我发现的却是我说不清楚的一种世俗的野心，用公众事先已经接受的方式取悦公众的既定决心，还有某种极难确定的缺点，没有更好的用语，我就把它称作*文学化的拥护者*所具有的缺点。我希望一位艺术家有学问，但是当我看见他用如果不是存在于他的艺术之外也是存在于他的艺术的边缘的本领来抓住想象力，我就感到难受。

波德里[1]先生作为艺术家更加自然，尽管他的画并不总是足够的扎实。在他的作品中，人们猜得到他对意大利画法有过很好的、满怀深情的研究。那个小姑娘的形象，我想那幅画叫作《吉尔梅特》，很荣幸地让不止一位批评家想到季拉斯开兹的才气横溢的、生动的肖像。但是令人担心的是，波德里先生恐怕只是一个出名的人而已。他的《悔罪的马德兰》有些浅薄，画得也轻浮。总之，比诸他今年画

---

1. 波德里（Paul Baudry，1828—1886年），法国画家。

的画，我更喜欢他的雄心勃勃的、复杂的、勇敢的油画《贞女》。

迪亚兹先生是个令人好奇的例子，他只靠一种能力就获得了轻易的成功。他风行一时的那个时代离我们尚不遥远。他的色彩悦目，闪烁多于丰富，令人想到东方织物的令人愉快的斑斓。眼睛看了的确感到很舒服，竟乐得不去注意轮廓和突起了。在像个真正的浪子那样挥霍了自然慷慨地赋予他的这种独特的能力之后，迪亚兹先生感到他身上有一种更为困难的野心苏醒了。比我们通常很喜欢的那些画规模更大的几幅画表达了这种刚刚萌发的微弱的愿望。这种野心毁了他。人人都注意到了他的精神受到对科勒乔和普吕东的妒忌所折磨的那个时期。似乎他的眼睛已习惯于注意一个小世界的闪烁，再也看不到一个大空间的鲜明的色彩了。他的闪耀的色调转向了石膏和粉笔，或者，也许他因雄心勃勃地致力于显示凹凸，情愿忘掉迄今为止造就了他的光荣的那些素质。确定如此迅速地削弱了迪亚兹先生的鲜明个性的原因是很困难的，不过，假设这种值得称赞的愿望来得过晚，这却是可以的。在某个年龄上再进行某些改革已属不可能，在艺术活动中，最危险的莫过于总是将不可或缺的学习置诸来日。一个人长期相信一种一般说来是有利的本能，当他终于想改变偶然获得的教育而掌握一直被忽略的原则时，已经晚了；大脑已养成一些不能改变的习惯，手也不听使唤，举措失度，表达新东西固然不行，就是表达曾经得心应手的东西也不如从前了。对迪亚兹先生这样公认有才华的人，说出这样的话来的确是很使人难受的；不过，我只是一记回声罢了，或高或低，或怀恶意或带悲伤，大家已经说过我今天写下来的东西了。

比达[1]先生就不是这样了，相反，人们可以说他泰然自若地放弃了色彩及其一切浮华，以便使他的铅笔所要表现的性格具有更多的价值和光彩。他表现得十分强烈和深刻。有时候，在明亮的部分上涂一重淡淡的、透明的颜色，就令人愉快地突出了素描，而并不破坏严格的整体性。比达先生的作品的突出标志是人物面部的内在表情，把这些面孔不加区分地归于这个或那个种族，或者设想人物信奉一种本不是他所信奉的宗教，都是不可能的。说明书

---

1. 比达（Alexandre Bida，1823—1895年），法国画家。

没有加以解释(《马龙派教徒在黎巴嫩布道》《阿尔诺特在开罗时的卫士》),但任何有经验的人都会很容易地猜出其间的区别。

希弗拉[1]先生是罗马大奖的获得者,真是奇迹!他有独创性。在永恒之城的居留没有使他的精神力量消失。说到底,这只证明了一件事,就是只有过于软弱不能在那里生活的人才会死在那里,流派只能使那些注定要受到屈辱的人感到屈辱。大家都有理由指责希弗拉先生的两幅素描(《战斗中的浮士德》《疯狂中的浮士德》)过于阴郁黑暗,尤其是对如此复杂的素描而言;然而它们的风格的确是美丽雄浑。多么混乱的梦!靡菲斯特和他的朋友浮士德,不可战胜又无懈可击,高举着剑,飞奔着穿过战争的风雨。修长、阴郁、难以忘怀的玛甘泪自悬身死,像悔恨一样清晰地衬在巨大而苍白的月亮上。我十分感谢希弗拉先生勇敢地、戏剧性地处理了这个富有诗意的题材,并且远远地丢开了因袭的忧郁中的一切无聊的东西。善良的阿里·谢佛尔不断地画着基督和浮士德,他画的基督像浮士德,而浮士德则

---

1. 希弗拉(François-Nicolas Chifflart,1825—1901年),法国画家。

像基督，二者又都像一个随时准备在象牙琴键上倾泻不被理解的悲哀的钢琴家，他需要看看这两幅有力的素描，以便明白要表现诗人，必须感到自己有着与诗人同等的力量才行。我不相信一支描绘过这种疯狂和这种残杀的坚实有力的铅笔会沉醉于小姐们的无聊的忧郁。

在出名的年轻人中，其名声树立得最牢固者之一是弗罗芒坦先生。他恰恰既不是风景画家，又不是风俗画家。这两个领域过于狭窄，不能容纳他那雄浑而灵活的幻想。如果我说他是个旅行的讲述者，那是不够的；因为有许多旅行者既没有诗情也没有灵魂，而他的灵魂却是我所见过的最富诗情、最为珍贵的灵魂之一。他的本来意义上的绘画是审慎的、有力的，讲究章法，显然源自欧仁·德拉克洛瓦。在他身上，我们还发现一种对于色彩的巧妙而自然的理解，这在我们当中是如此的罕见。然而，光明和热情在某些头脑中投入某种热带的疯狂，用一种不能平息的狂热使之骚动不已，跳起不知名的舞蹈，在他的灵魂中却只倾泻着一种温柔平静的观照。那是心醉神迷，而不是狂热。可以推测，我自己也多少染上了一种把我带向阳光的思乡病，因为从那些明亮的油画中升起一股醉人的雾气,很快就凝结为欲望和悔恨。我一下子羡慕起那些人的命运来了,他们躺在蓝色的阴影下,眼睛半醒半睡,只表达(如果还表达着什么的话)对休息的爱和一片巨大的光明所引起的幸福感。弗罗芒坦先生的精神有些近乎女性,其程度正好相当于为力量增添一种妩媚。但是有一种能力在他身上非常突出,那肯定不是一种女性的能力,它能抓住迷失在人世间的美的碎片,能在美溜进堕落的人性的平庸之中的任何地方跟踪美。因此,不难理解他是怀着怎样的感情热爱着古朴生活的崇高,怀着怎样的兴趣注视着那些身上还残存着古代英雄主义的某种东西的人们。他的眼睛所迷醉的不仅仅是光彩夺目的织物和制作得奇形怪状的武器,而尤其是那些强大部落的首领们所特有的那种庄严和贵族的浪荡作风。就像差不多十四年前在画家凯特林的率领下出现在我们面前的那些北美洲的野蛮人一样,他们即便在落魄的状态中也让我们想起斐迪亚斯[1]的艺术和荷马式的崇高。然而我大谈这个问题有什么用呢?为什么还要解释弗罗芒

---

1. 斐迪亚斯(Phidias,前490—前430年),古希腊雕塑家。

坦先生在他的两本迷人的书中已经解释得那么好的东西呢？这两本书是《撒哈拉之夏》和《萨海尔》。谁都知道弗罗芒坦先生是以双重的方式讲述他的旅行的，他写和画一样好，独具一格。古代的画家也喜欢涉足两个领域，用两种工具表达他们的思想。弗罗芒坦先生作为作家和作为艺术家都是成功的，他写的作品或画的作品是那样迷人，如果可以砍倒或剪掉一枝而使另一枝更为茁壮和更有力量，那可真是很难做出选择。因为为了可能赢得什么，必须甘心失去许多。

人们还记得在1855年博览会上见过一些很好的小画，色彩丰富强烈，制作精细完美，在服装和形象中反映出一种对过去的奇怪的爱。这些可爱的油画所署的名字是利埃斯[1]。距这些画不远有一些美妙的画，制作之精细并不逊色，也表现出同样的素质和对往昔的同样的热情，所署的名字是莱斯[2]。几乎是同一位画家，几乎是同一个名字。这种一字之差就像偶然性所玩的聪明的把戏，有时候是有着像人一样的刺耳精神的。一个是另一个的学生，有人说

---

1. 利埃斯（Joseph Liès，1821—1865年），比利时画家。
2. 莱斯（Henri Leys，1815—1869年），比利时画家。

一种热烈的友谊把他们连在一起。但是，莱斯先生和利埃斯先生升到了狄俄斯库里[1]的显赫地位了吗？我们要欣赏其中的一个就必须失去另一个吗？今年，利埃斯先生是在没有他的波吕丢刻斯的情况下出场的；莱斯先生也将在没有卡斯托尔的情况下来见我们吗？我认为莱斯先生曾经是他的朋友的老师，而且也是波吕丢刻斯愿意把他的永生的一半让给他的弟弟，这个比喻就更加合乎情理了。《战争的祸害》！怎样的标题！战败的俘虏，受到跟在后面的粗暴的战胜者的折磨；一堆堆乱七八糟的战利品；被侮辱的姑娘；一个血淋淋的世界，不幸而沮丧；强有力的粗暴的大兵，红发多毛；下等妓女，画上没有，我想她们可能是在的，中世纪的这种**浓妆艳抹的姑娘**得到君王和教会的允许跟随着士兵们，正如加拿大的妓女陪伴着穿海狸皮大衣的武士们，坐在虚弱者、孩子们、残废者深受颠簸之苦的火车上。所有这一切必定要产生出一种动人的、真正富有诗意的绘画来。人们首先想到了卡洛，但是我认为我在他那长长的作品系列中并没有看到任何更富有戏剧性

---

1. 狄俄斯库里（Dioscuri），希腊神话中，卡斯托尔和波吕丢刻斯兄弟二人的总称。卡斯托尔善骑，波吕丢刻斯善战，所向无敌。

的东西。不过，我有两点要责备利埃斯先生的：明亮的部分过于广泛，更确切地说，是过于分散，色彩明亮耀眼但很单调；其次，目光落在这幅画上不可避免地获得的第一个印象是那种格子架给人的不舒服和令人不安的印象。利埃斯先生不但用黑色勾出他的人物形象的总轮廓，而且勾出其服装的各个部分，以至于每一个人物都像是一块彩绘玻璃镶在铅制的框子里。请注意，色调的普遍的明亮更加强了这种令人不快的外表。

邦吉伊先生也是一个热爱过去的人，他具有机敏、好奇、勤奋的精神。如果您愿意的话，再加上所有那些可以用于二流诗以及不是绝对崇高、裸露、单纯的东西的最体面、最高雅的形容词吧。他具有藏书癖的仔细、极大的耐心和整洁，他的作品打磨得像古代的武器和家具，他的画有着金属的光滑和剃刀的锋利；至于他的想象力，我不会肯定地说它是宏伟的，但它是出奇地活跃、易感和好奇。那幅《骷髅小舞》使我很愉快，仿佛一帮迟归的醉汉，半爬半舞，被他们的瘦骨嶙峋的头头拖着。请研究一下所有那些灰色单色小画，它们充作主画的框子和说明，没有一幅不是极好的画。现代艺术家是太忽视这些美妙的中世纪的寓意画了，其中永恒的怪诞闹着玩似的和永恒的恐怖纠结在一起，就像它们现在一样。也许我们的过于纤细的神经再不能承受一种过于明显的可怕的象征了。也许仁慈告诫我们应该回避一切可能使我们的同类感到痛苦的东西，不过这很值得怀疑。去年年末，王家路的一位出版商投放了一种风格很讲究的祈祷书，报上登的广告告诉我们，围绕着文字的所有小画都是从同时代的著作中摹下来的，给予整体一种可贵的统一风格，但骷髅的形象是唯一的例外，被小心地略去了，**因为和本时代的趣味不符**；这份说明大概是由出版商起草的，他这样明智，就该增加一句，以便完全与这个时代的趣味相合。

时代在这方面的趣味令我害怕。[1]

有一家正直的报纸，那里人人什么都知道，什么都能谈，每个编辑都像旧时罗马的公民一样学贯百科，无所不知，可以轮流讲授政治、宗教、经济、

---

1. 出自莫里哀《恨世者》。

美术、哲学、文学。蠢话这座巨大建筑物像比萨塔一样向着未来倾斜,那里面正在制订着人类的幸福,其中有一个很正直的人不愿意人们欣赏邦吉伊先生。但是理由,亲爱的先生,理由呢?因为他的作品中有一种令人疲倦的单调。这种说法大概和邦吉伊先生的极其别致、多样的想象力无关。这位思想家想说的是,他不喜欢用同一种风格处理各种题材的画家。怪哉!这正是**他的**风格呀!您是想让他改变吗?

这位可爱的艺术家今年所有的画都同样有意思,在提醒您特别注意《小海鸥》之前我是不愿意向他告别的:湛蓝的天和水,两大块岩石形成一个向着无限洞开的门(您知道,无限越是狭窄,就越显得深邃),云一样的、雪崩一样的、雨[1]一样的一大群白色的鸟,怎样的寂静!细细地看一看吧,亲爱的朋友,然后告诉我您是否认为邦吉伊先生缺乏诗的精神。

在结束本章之前,我还要把您的目光引向莱顿[2]

---

1. "雨"(la pluie)在原文中作"伤"(la plaie),两词字形近似,据考证可能是误植。
2. 莱顿(Frederick Leighton,1830—1896年),英国画家。

先生的画，我想他是准时赴约的唯一的英国艺术家：
《帕里斯伯爵到卡普莱家找未婚妻朱丽叶特，发现她
已昏厥》。这幅画丰富而细致，色调强烈，制作精
细，是一件十分顽强的作品，但是富于戏剧性，甚
至有些夸张，因为我们的海峡对面的朋友们并不把
取自戏剧的题材表现为**真实的**场面，而是用必要的
夸张表现为**装扮的**场面。这一缺点，如果这是个缺
点的话，使他们的作品具有一种奇特的、反常的美。

最后，假如您有时间再去沙龙的话，别忘了研
究一下马克·波[1]先生的珐琅画。这位艺术家笔下的
是一种费力不讨好的、不受赏识的作品，但他显示
出令人吃惊的素质，真正的画家的素质。一言以蔽
之，在别人平淡地涂抹着贫乏的颜色的地方，他却
画得丰富多彩，他善于小中**见大**。

六　肖像画

我不相信天上的鸟会管我的饮食，也不相信一
头狮子肯充当我的掘墓人和埋葬人；但是，就像那

---

1. 马克·波（Jean-Marc Baud, 1828—1870年），瑞士画家。

些跪倒在地的隐遁者无端地指责那个仍然塞满了短暂的、必死的肉体的邪恶理由的死人头一样，我的头脑在它为自己造就的荒僻的隐居地里有时也与奇异的怪物，白日梦，街上、客厅里、公共马车上的幽灵发生争执。我看见资产阶级的灵魂就在面前，请相信，如果我不怕把我的斗室的墙纸弄脏的话，我真想用它想不到的力气把我的墨水瓶朝它脸上摔过去。以下就是这个卑劣的灵魂今天对我说的话，这可不是幻觉："事实上，诗人们真是些奇特的疯子，竟声称想象力在艺术的一切功能中都是必要的。比方说，画一幅肖像，他需要什么想象力？要画我的灵魂，如此明显、清晰、众所周知的灵魂，他需要什么想象力？我摆出姿势，实际上，是我，模特儿，同意担负主要的工作。我是艺术家的真正供应者。我自己就是全部的材料。"然而我回答它说："Caput mortuum[1]，住嘴！旧日的极北的野蛮人啊，戴眼镜的或戴玳瑁眼镜[2]的永恒的爱斯基摩人啊，就是大马士革的显圣、惊雷和闪电也启发不了你们！材料越是看起来确实和充实，想象力的工作就越是细微和

---

[1] 拉丁文，**死人脑壳**。意谓无价值之残留物。
[2] 与今日的眼镜无关，按古义乃指头巾之类。

艰难。一幅肖像！还有更简单又更复杂、更明显又更深刻的东西吗？要是拉布吕耶尔没有想象力，纵使如此明显的材料俯拾即是，他能写出他的《品性论》吗？无论人们设想某个历史题材多么有限，哪一位历史学家敢自夸对它加以描绘和阐明而无须想象力？"

肖像画这个看起来如此卑微的种类需要一种巨大的理解力，其中艺术家的服从无疑占有很大的成分，但他的预见也应该是旗鼓相当的。当我看见一幅好的肖像画时，我猜得出艺术家的全部努力，他首先应该看到看得见的东西，同时他还应该猜出隐藏着的东西。我刚才把他比作历史学家，我也可以把他比作演员，他有义务接受各种性格和各种服装。如果人们愿意好好研究一下，在一幅肖像画中是没有什么无关紧要的东西的。动作、怪相、衣服，甚至背景，一切都要为表现一种**性格**服务。一些伟大的画家和杰出的画家，例如大卫，在他只不过是个18世纪的艺术家的时候和他成为一派的领袖之后，荷尔拜因，在他所有的肖像画中，他们都力求简洁然而强烈地表达出他们所要描绘的性格。其他人力图更进一步或者改弦更张。雷诺兹和杰拉尔增添了浪漫的成分,但总是符合人物的自然,于是就有了风雨欲来乌云翻滚的天空,淡远疏朗的背景,诗意的家具,慵懒的姿态,冒险的举措,等等……这是一种危险的方式,但并非不可行,不过这需要天才。总之,不管艺术家使用得最多的手段是什么,不管这艺术家是荷尔拜因,大卫,委拉斯开兹,还是劳伦斯,在我看来,一幅好的肖像画总像是一份戏剧化的自传,或者更确切地说,像是人所固有的自然的戏剧。有些人想限制手段,是因为无力运用所有的手段吗?是希望获得一种最强烈的表现力吗?我不知道;但我更倾向于认为,正如在许多其他的人类的事情上一样,这两种理由都是可以接受的。亲爱的朋友,这里我很害怕不得不涉及您的一个赞赏的对象了,我想谈谈安格尔画派,特别要谈谈他画肖像的方法。并非所有的学生都严格地、谦恭地遵循老师的教诲的。阿莫里-杜瓦尔先生勇敢地夸大画派的苦行,莱赫曼先生有时却用某些私通的混合来使人原谅他的画的产生。总之,人们可以说教诲是专断的,在法国绘画中留下了痛苦的痕迹。一个十分固执具有某些宝贵能力的人,却决心否认他所不具备的能力的用处,他把熄灭太阳这一非凡的、奇异的光荣归于自己，至于散落在各处的几块还冒着烟的未燃尽的木柴，这个人的弟子们则以践踏它们为己任。自然经过这些简化者的表达，显得更易于理解了，这是无可怀疑的；但是它变得不那么美，不那么令人兴奋了，这是显而易见的。我不得不承认，我见过弗朗德兰先生和阿莫里-杜瓦尔先生的几幅肖像画，它们在色彩的骗人的外表下呈现的是令人赞赏的雕塑的样品。我甚至承认，这些肖像的可见的性格，除了有关色彩和光线外，是被以一种深刻的方式有力而细心地表达了出来。但是我要问通过取消一种艺术的某些部分来减少其困难，这是否光明正大？我认为谢那瓦尔先生更为勇敢、更为坦率，他只是把色彩当作一种危险的浮华，一种带有激情的、可恶的因素加以排斥，他为了表达观念的全部价值而相信单纯的铅笔，表现一个对象的外形而无须附着在它的每个分子上的不同色彩的光线。谢那瓦尔先生不能否认懒惰从这种方法中获得的全部好处，他只是认为这种牺牲是光荣的、有用的，同样能获得外形和观念。然而，安格尔先生的学生们徒然地保持了一种色彩感，他们相信或者装作相信他们从事的是绘画。

还有另一种指责更沉重地落在他们头上，也许某些人认为那是一种赞扬：他们的肖像画不是真正的像。因为我不断地要求在艺术的一切功能中运用想象力和引入诗意，所以没有人会想到我希望有一种对模特儿的有意识的改变，尤其是在肖像画中。荷尔拜因深知伊拉斯谟[1]，对他了解得如此深入，研究得如此透彻，以至于他重新创造了他，把他表现得如在眼前、永垂不朽、无与伦比。安格尔先生觉得一个模特儿崇高、生动、迷人，他想："这无疑是个有趣的性格；美或是崇高，我都要细心加以表达；我什么也不遗漏，而且**我还要添上某种必不可少的东西：风格**。"我们知道他说的风格是什么意思。那不是主题天然具有的诗的素质，应该提炼出来以使之更为明显。那是一种不相干的诗意，一般地说是从过去借用来的。我可以得出这样的结论：如果安格尔先生给他的模特儿增添了什么东西，那是因为他无力使他同时是崇高和真实的。有什么权利增添？请只向传统借用绘画的艺术吧，而不要借用掺假的方法。那位巴黎的太太，法国客厅的轻浮优雅的绝

---

1. 伊拉斯谟（Didier Erasme，1469—1536年），荷兰学者。

妙样品，他凭空给了她某种迟钝，某种罗马式的淳朴。这是拉斐尔要求的。她的手臂线条纯净，轮廓迷人，这是毫无疑问的；但是稍显纤弱，为了实现预想的风格，它们还缺少某种程度的丰满和古罗马夫人的润泽。安格尔先生深为一种顽念所苦，这种顽念迫使他不断地挪动、移植和歪曲美。他的所有的学生都是如此，他们每一个人在着手作画时，总是根据自己的主要趣味准备着**歪曲**模特儿。您认为这一缺点是轻微的、这一指责是不适当的吗？

在以模特儿的自然的秀丽为满足的艺术家中，特别引人注目的是邦万[1]先生，他赋予他的肖像画以一种蓬勃的、惊人的生命力；还有海姆[2]先生，他曾受到过某些思想肤浅的人的嘲笑，他在今年像在1855年那样，在一系列的速写中向我们显露出对人类怪相的绝妙的理解。我想人们不会在一种令人不愉快的意义上理解这个词。我指的是人人都有的那种自然的和职业的怪相。

夏普兰先生和贝松先生善作肖像画。前者今年在这方面还没有让我们看到什么，但是，密切注意

---

1. 邦万（François Bonvin，1817—1887年），法国画家。
2. 海姆（François-Joseph Heim，1787—1865年），法国画家。

画展并且知道我指的是这位艺术家的哪些旧作的爱好者们已经像我一样地感到遗憾了。后者是一位很好的画家,此外还具有各种文学的素质和为了**高贵地**表现女演员而必不可少的一切精神。我望着贝松先生的生动而明亮的肖像画,不止一次地想到18世纪的艺术家们在留给我们的心爱的明星们的形象中所凝聚的全部魅力和心思。

不同的时代,有不同的肖像画家走红,有的是因其优点,有的则是因其缺点。公众热烈地爱着自己的形象,也全心全意地爱他们乐于委托表现其形象的艺术家。在所有那些善于获得这种优待的人当中,我觉得最当得起的是里卡尔先生,因为他始终是一位坦率的、真正的艺术家。人们有时看到他的画不充实,就过分地指责他对凡·戴克、伦勃朗和提香的爱好,他的有时是英国式的有时又是意大利式的优雅。这里面无论如何是有些不公正的,因为模仿是灵活而杰出的精神的诱惑,甚至常常是优越的一种证明。在十分引人注目的画家的本能上,里卡尔先生又结合了一种对他的艺术的历史的广博认识和一种精微细腻的批评精神,他没有一件作品不让人揣摩到所有这些优点。有时候他也许把模特儿画得过于漂亮了，但我也应该说，在我谈论的那些肖像画中，这种缺点有可能是模特儿本人所**强求**的；不过，他的精神的雄伟高尚的一面很快就占了上风。他的确具备一种总是能够描绘摆在他面前的**灵魂**的理解力。例如那位老夫人的肖像，就立即显露出一种平和的性格，一种温柔和一种引起信任的仁慈，而年龄并没有被怯懦地加以遮掩。目光和姿态的单纯，温暖的、微微泛金的、似乎是为了传达傍晚温柔的思想的色调，二者契合无间。您若想见识青春中的活力、健康中的优美、颤动着生命的面孔中的天真，就请看看L. J. 小姐的肖像吧，那无疑是一幅真正的、伟大的肖像画。肯定，一个美的模特儿如果不能给人以才能，至少也会给才能增加一种魅力。能够用一种最适当的技艺表现出一个丰满纯洁的天性的坚实以及那双眼睛中如此深邃的天空和温柔的巨星，这样的画家何其少啊！脸庞的轮廓，少年人的宽阔的前额的曲线，盖于其上的厚密的头发，嘴唇的丰润，光彩照人的皮肤上的纹理，这一切都被细心地表现了出来，尤其是那种最迷人的、最难描画的、总是混杂在无邪之中我说不出的狡黠的东西，那种心醉神迷的、好奇的高贵神气，在人类和在动物中一样，这种神气给予年轻人的面孔一种如此神秘的俏皮。现在，里卡尔先生画的肖像画数量已很可观，但这一幅是优中之优，这位杰出人物的总是处于警醒和探索之中的活动还会给我们许多其他的优秀之作。

我认为我已经以一种粗略然而充分的方式解释了为什么肖像画，真正的肖像画，这种看起来如此卑微的种类，事实上是如此难以制作，因此我很少有样品可以提及就很自然了。还有许多艺术家，例如奥康奈尔夫人会画人头。不过，要说到某一种优点或某一种缺点，我就不能不变得啰唆了，而我们在开始时已讲好，关于每一种类，我尽可能地限于说明那些可以被看作是理想的东西。

七　风景画

如果说我们称为风景的某种树、山、水和房屋的组合是美的话，那不是由于这种组合自身，而是由于我，由于我自己的好感，由于我赋予它的观念或感情。任何不善于通过植物材料或动物材料的一种组合来表达一种感情的风景画家不是艺术家，我想话说到此已经足够了。我清楚地知道，人的想象力可以通过一种奇特的努力，一时地设想出没有人的自然和分散在空间的富于暗示的整体而没有观照者来从中提取出明喻、暗喻和寓意。毫无疑问，全部这种秩序和全部这种和谐所保持的启发性的素质并不因此而少些，那是按照天意放置在里面的；但是，在这种情况下，由于缺乏一种它本来可以启发出来的理解力，这种素质有可能像不存在一样。想要表现自然却又不表现自然引起的感情的艺术家听命于一种奇怪的作用，这种作用在于消灭他们身上的思想着的、感觉着的人，不幸的是，请相信，对大多数人来说，这种作用并无任何奇怪也无任何痛苦可言。这就是今天乃至很久以来就占了上风的画派。我像大家一样承认，风景画家的现代流派强大和机敏得出奇。然而，在一种低等的种类的这一胜利和优势中，在对于未经想象力净化和说明的自然的这种无聊的崇拜中，我看见了一种普遍堕落的明显迹象。我们无疑可以抓住某位风景画家和某位风景画家之间在操作技巧方面的某些差别，但这种差别是很小的。作为不同老师的学生，他们都画得很好，而且几乎都忘记了一处自然胜地只因艺术家善于置于其中的现时的感情才有价值,大部分都跌进了我在本文开始时指出的那种错误之中:他们把艺术的词典当作了艺术本身,他们抄了词典中的一个词,就以为是抄了一首诗。而一首诗从来是抄不出来的,要作才行。这样,他们打开一扇窗户,包容在窗户方框内的全部空间,树木,天空和房屋,对他们来说就具有了一首已完成的诗的价值了。有些人走得更远。在他们看来,一份习作就是一幅画。弗朗赛先生给我们看一棵树,一棵巨大的古树,那是真实的,于是他对我们说:这是一幅风景画。阿那斯塔齐[1]、夏尔·勒鲁、布勒东[2]、贝利[3]、山特伊[4]诸先生所显示的技巧上的优势只是使普遍存在的漏洞更明显,更令人难过。我知道多比尼[5]先生想做得更多,他也知道如何做得更多。他的风景画具有一种一下子就使人着迷的优雅和清新,它们立刻就把

---

1. 阿那斯塔齐(Auguste Anastasi,1820—1889年),法国画家。
2. 布勒东(Jules Breton,1827—1906年),法国画家。
3. 贝利(Léon Belly,1827—1877年),法国画家。
4. 山特伊(Antoine Chintreuil,1814—1873年),法国画家。
5. 多比尼(Charles-François Daubigny,1817—1878年),法国画家、雕塑家。

浸透其中的原始的感情传达给观者的灵魂；但似乎多比尼先生的这种优点是靠损害细节的彻底和完美来获得的。他的许多画虽说幽默迷人，却缺乏充实；虽有风致，却也有即席之作的软弱和松懈。不过，首先应为多比尼先生说句公道话，他的作品一般说是富有诗意的，比起许多更完美的、但没有这种使他有别于他人的优点的那些画，我更喜欢他的带着这些缺点的画。

米勒[1]先生特别追求风格，他不隐瞒这一点，并且加以炫耀，引以为荣。然而我归于安格尔先生的学生们的可笑有一部分与他有关。风格给他带来了灾难。他的农民是些自视甚高的学究，他们显示出一种阴郁、宿命的粗野神态。他们无论干什么，收割、播种、放牧奶牛、剪羊毛，总像是在说："我们是这个世界的不幸的人，然而却是我们使它肥沃起来。我们在完成一桩使命，我们从事的是神圣的职业！"米勒先生不是在他的题材中只提炼出自然的诗意，却想不惜一切代价加进去点儿什么东西。所有这些卑贱的小人物都在他们的单调的丑陋中有一种

---

1. 米勒（Jean-François Millet，1814—1875年），法国画家、雕塑家。

哲学的、忧郁的和拉斐尔式的抱负。米勒先生画中的这种灾难把一开始引人注目的那些美好的素质破坏殆尽。

特洛瓦庸先生是没有灵魂的技巧的最好例证。他是多么有名啊！在一类没有灵魂的公众当中，他是当之无愧的。特洛瓦庸先生很年轻时就画得这样可靠、熟练、冷静。很多年以前，他就以其制作的平衡、技巧的**圆熟**（像人们说到戏剧时那样）以及可靠、适度、持续的长处使我们惊讶了。这是一颗灵魂，但愿如此，但它过于适应所有的灵魂了。这些二流才能的僭越不能不产生出不公正的事情来。当狮子以外的一种动物占了最大最好的一份时，那些卑微的动物的本来就是卑微的一份肯定会变得过于小了，我的意思是，在具有二流才能并成功地致力于一种低等的作品的人中，有好几位是和特洛瓦庸先生不相上下的，当后者拿到了大大多于他应得的东西时，他们就可能因没有得到应得的全部而感到蹊跷。我避免指名道姓，受害者也许和僭越者同样感到受了伤害。

有两个人，公众舆论一直认为在专治风景画方面最为重要，他们是卢梭[1]先生和柯罗先生。对于这样的艺术家，必须持有充分的保留和尊重。卢梭先生的作品很复杂，充满了诡计和懊悔。很少有人比他更真诚地热爱光，并且表现得更好；然而，外形的总的轮廓却往往难以抓住。明亮、闪耀、摇晃的雾霭模糊了景物的架子。卢梭先生总是让我赞叹不已，但有时也令我感到疲倦。他还染上了著名的现代缺点，这种缺点产生于对自然、仅仅对自然的一种盲目的爱；他把一张简单的习作当作一幅完成的作品。一片闪烁的、长满湿润的草和有明亮的积水的沼泽，一段凹凸不平的树干，一座顶上开满鲜花的茅屋，总之，在他那充满爱的眼睛里，一小片自然就成了一幅充分的、完美的画。他善于使这块从地球上撕下来的碎片具有的全部魅力并不总是足以让人忘记结构的缺乏。

　　卢梭先生常常是不完整的，但他不断地感到不安和心跳。如果说他像一个人受到好几个魔鬼的纠缠而不知道听哪一个好的话，柯罗先生却正是他的绝对的反面，魔鬼附身的情况不够经常。无论这种

---

1. 指泰奥多尔·卢梭。

说法多么不完善,甚至不公正,我还是选择了它来表述使这位博学的艺术家不能使人赞叹和惊奇的原因。他慢慢地使人惊奇,但愿如此,他渐渐地使人心醉。不过,必须知道如何深入到他的技巧中去,因为他没有耀眼的东西,他有的是严格的万无一失的和谐。此外,他是罕见的、也许是唯一的人,保持了一种深厚的结构感,他注意每一细节在整体中的相应的价值,如果可以把一片风景的组成比作人体构造的话,他总是知道哪块骨头有多大,该放在什么地方。人们感觉到、揣摩到柯罗先生是省略地、大刀阔斧地作画,这是迅速地收集大量珍贵材料的唯一方法。假使一个人就能把现代法国画派纳入他对细节的不得体的、令人厌烦的喜爱之中的话,这个人肯定就是他。我们听见有人指责这位杰出的艺术家色彩有些过于柔和,光线近乎昏暗。似乎对他来说,充满这世界的光亮到处都降低了一个或几个层次。他的精细准确的目光更理解一切证实和谐的东西,而不是显示其反面的东西。然而,假设这种指责中没有过分的不公正的话,那就应该注意到我们的画展对好画的效果,特别是对那些冷静而有节制地构思和制作的画的效果并不是有利的。一种清亮但是微弱和谐的声音会淹没在一片令人厌烦或闹哄哄的喊声中，最明亮的委罗内塞的画如果被比乡村头巾还要刺眼的现代画包围，常常会显得灰暗苍白。

在柯罗先生的长处中，不应该忘记他的卓越的教学，他的教学扎实、清晰、条理分明。他培养了众多的学生，他们坚持不受时代的驱使，其中我最愉快地注意到的一个人是拉维埃耶先生。他有一幅很单纯的风景画：树林边上一座茅屋，一条路伸向树林深处，白雪和慢慢消失在林中无数光秃秃的树干后面的火红的晚霞形成赏心悦目的对比。若干年以来，风景画家们更经常地把心思用在忧郁季节的别致的美上，但我认为没有人比拉维埃耶先生对这种美更敏感。我觉得他常常表现出来的某些效果就是从冬天的幸福中提取出来的。这片风景披着行将消失的晴朗冬日那隐约泛出白色和粉红色的外衣，在它的忧郁中有一种不可抗拒的悲哀的快感，所有喜欢独自散步的人都曾体味过。

亲爱的，请允许我再回到我的怪癖上来，我指的是我看到风景画中想象力的部分越来越小时所感到的遗憾。某些时候，某些地方会出现一种抗议的迹象，即出现一种不符合时代趣味的自由而伟大的才能。例如保罗·于埃先生，这个**老兵**[1]！（我可以把这一通俗而又崇高的用语用在一种像浪漫主义一样已然遥远的战士的伟大的残余之上。）保罗·于埃先生一直忠于他年轻时的趣味。应该用来装饰一间客厅的八幅画，海景或乡景，都是十分精巧、丰富、清新的真正的诗篇。我觉得细数一位如此高超、如此多产的艺术家的才能是多余的，但是我觉得他身上最值得称赞、最引人注目的是，正当对于精细的趣味渐渐波及所有的人的时候，他仍坚持自己的个性和方法，赋予他的一切作品以一种充满柔情的诗的性质。

今年，有两位艺术家使我得到了些许的慰藉，这是我没有想到的。雅丹[2]先生送来了一幅画，画的是从"巴马拱门"上看到的罗马的壮丽景色，在此之前，他一直过分谦虚地把他的光荣限制在狗窝和马厩上，现在这一点是很清楚的了。这幅画首先具有雅丹先生通常的优点，力量和充实，此外又多了一种捕捉和表达得十分准确的诗的印象，那是降临

---

1. 指第一帝国时代的老兵。
2. 雅丹（Louis-Godefroy Jadin，1805—1882年），法国画家。

在圣城之上的黄昏辉煌而忧郁的印象，一个像罗马教一样庄严、横穿着紫红色的条纹的、隆重而热烈的黄昏。克雷辛格先生已不满足于雕塑了，他就像那些孩子，他们血气方刚，热情奔放，想攀上所有的高处刻上自己的名字。他的两幅风景画，《伊索拉·法奈兹》和《福萨那城堡》，外观动人，流露出一种天真而严峻的忧郁。那里的水比别处更凝重庄严，荒僻处比别处更寂静，树木也更高大。人们常常嘲笑克雷辛格的夸张，然而他让人笑的从来也不是狭小。都是缺陷，我和他一样认为过度比小气好。

  是的，想象力造就了风景画。我理解专心于做记录的人是不能沉醉于包含在眼前的自然景观中的神奇的梦幻的；然而为什么想象力躲避风景画家的画室呢？也许致力于这类画的艺术家过分地不相信他们的记忆而采取了一种直接摹写的方法，这与他们的精神的懒惰十分相合。如果他们像我最近在布丹[1]先生（顺便说一句，他展出了一幅很好很规矩的画：《圣女安娜·帕吕德的宽宥》）那里看到的那样，也看到了几百幅面对大海和天空即时画就的色粉习

---

1. 布丹（Eugène-Louis Boudin, 1824—1898年），法国画家。

作，他们就会明白他们好像不明白的东西，也就是说，习作与完成的画之间的区别。然而，可以因其对艺术的忠诚而骄傲的布丹先生却是很谦虚地出示了他那有趣的收藏。他很知道要通过招之即来的诗的印象才能使这些习作变成画，而他并没有把他的习作当成画拿出来的意图。毫无疑问，以后他会在完成的画中向我们展示空气和水的神奇的魔力。这些根据最不稳定、最难把握的形状和色彩，根据波浪和云彩如此迅速如此忠实地速写了来的习作，总是带有写在空白处的日期、时辰和风向，例如：十月八日，中午，西北风。如果您有时间见识一下这些气象上的美，您就能凭记忆验证布丹先生观察的准确。即使用手把说明捂住，您也能猜出季节、时辰和风向。我一点儿也不夸张，我见过。最后，那些奇形怪状的闪亮的云，那些混沌的夜，那些一片连一片的绿色和粉红色的旷野，那些张着大嘴的火炉，那些被折皱卷起或撕破的黑色或紫色缎子一般的天空，那些黑沉沉或者流着熔金的天际，都像醉人的酒或令人难以抵抗的鸦片一样涌入我的脑海。事情相当怪，面对这些流体的或气体的魔力，我竟然没有一次抱怨其中没有人。不过，我并不想根据我的圆满的愉快来向任何人，也不向布丹先生出主意。这主意可能会太危险。请想想细心地培育起人性的罗伯斯庇尔的话吧，人见了人没有不愉快的；一个人如果想出出名，就千万不要相信公众对于孤独和他有同样的热情。

不仅海景画阙如，而那是一个多么富有诗意的种类（我不把在水上进行的战争当作海景）！而且有一个种类也是如此，我很愿意称之为都市风光画，也就是说，产生于大量的人和建筑物的聚集的崇高和美的集合，在生活的荣耀和磨难中变得年迈衰老的首都的深刻而复杂的魅力。

几年前，一个强有力的、奇特的人，据说是位海军军官，对巴黎的最优美的风景开始了一系列的腐蚀铜版习作。梅里翁[1]先生以其线条的艰涩、细腻和稳健使人想起了旧时的那些优秀的蚀刻师。我很少看到一座大城市的天然的庄严被表现得更有诗意。堆积起来的石头的雄伟，指向天空的钟楼，向着苍穹喷吐着浓烟的工业的方尖碑，正在修葺的建筑物的神奇的脚手架，在结实的躯体上运用着具有如此

---

1. 梅里翁（Charles Méryon, 1821—1868年），法国画家，原为海军军官。

怪异的美的时兴设计，充满了愤怒和怨恨的纷乱的天空，由于想到了蕴涵其中的各种悲剧而变得更加深邃的远景，组成文明的痛苦而辉煌的背景的任何复杂成分都没有被忘记。如果维克多·雨果看见了这些极好的画，他是应该满意的，他又看见了并且恰当地表现了他的

> 忧郁的爱西丝，戴着面纱！
> 蜘蛛把巨大的网编织，
> 各民族在里面挣扎！
> 提水的喷泉着了魔！
> 不断胀满的乳房，
> 世世代代前来 从中吸取思想！
> ……
> 暴风雨裹着的城啊！[1]

然而，一个残忍的魔鬼缠住了梅里翁先生的头脑，一种神秘的疯狂搅乱了那些既坚实又卓越的能力，他的刚刚出现的光荣和他的创作都突然间中止

---

1. 引自戈蒂耶的诗。

了。从此，我们一直焦急地等着这位奇特的军官带给我们新的慰藉，他曾经在一天之间就成了一位强有力的艺术家，他告别了大洋上的庄严冒险，来描绘最令人不安的首都的阴郁的壮丽。

也许我还在不知不觉地服从着年轻时的习惯，仍然怀念浪漫派的风景画，甚至18世纪就已存在的幻想的风景画。我们的风景画家们是些太过分的草食动物，他们都不愿以废墟为食，除了弗罗芒坦等少数人外，天空和荒原使他们害怕。我怀念那些大湖，它们代表着绝望中的静止，那些大山，它们是从地球登天的阶梯，从那里望去，一切显得巨大的东西都显得渺小了，那些城堡（是的，我的犬儒主义竟至于此），那些倒映在死水塘中的筑有雉堞的修道院，那些巨大的桥，那些住着残存者的尼尼微人的建筑，总之，我怀念一切假如不存在就应该创造出来的东西！

我应该顺便坦白，尽管希尔德勃朗特[1]先生并不具有很明显的独创性，他的巨大的水彩画展还是给了我极大的乐趣。浏览这些有趣的旅行画册，我总

---

1. 希尔德勃朗特（Eduard Hildebrandt，1818—1869年），德国画家。

觉得**又看见了**、认出了我从未见过的东西。幸亏他,我的受到鞭策的想象力穿越了三十八个浪漫派的风景,从斯堪的纳维亚的鸣墙[1]到白鹬和鹳鸟的明亮的国度,从塞拉菲杜斯的峡湾到特奈利夫的绝壁。太阳和月亮轮流地照亮了这些背景,一个倾泻着喧闹的光线,另一个则洒下耐心的迷醉。

亲爱的朋友,您看,我永远也不能把题材的选择看作无关紧要的事情,尽管必要的爱使最卑微的东西变得丰富,我仍认为题材对艺术家来说是天才的一部分,对于无论如何还是个粗人的我来说,则是乐趣的一部分。总之,我在风景画中只发现了一些规矩的小才子,他们都很懒于想象。至少,我没有在他们那里,没有在所有那些人那里看到表达得如此单纯的凯特林(我打赌他们连凯特林是谁都不知道)的荒原和草原的自然的魅力,没有看到德拉克洛瓦的风景的超自然的美,也没有看到像天空中的神秘一样流动在维克多·雨果的素描中的那种壮丽的想象。我说的是他的墨汁素描,因为很明显,在诗的方面,我们的诗人是风景诗人之王。

---

1. 原文作 "les remparts sonores de Scandinavie"。此处当指某种诗的意象,因该处海岸上多峭壁,风吹浪击,轰然作响。

我希望被带回到透景画上去，其粗暴而巨大的魔力知道如何把一种有益的幻象强加于我。我喜欢凝视某些舞台布景，我感到我的最珍贵的梦幻在其中得到了艺术的表达和悲剧性的集中。这些东西因其假而更加无限地接近真，而我们的大部分风景画家却是撒谎者，恰恰是因为他们忽视了撒谎。

八　雕塑

一座古代图书馆的深处，在一片轻拂着、启发着深思的恰到好处的朦胧中，站立着庄严的哈波克拉特[1]；他把一个手指放在嘴上，让您安静，好像一位毕达哥拉斯派的教师对您说：嘘！其动作充满了权威。阿波罗和众缪斯的神圣的形体在昏暗中放出光辉，这些专横的幽灵监视着您的思想，观看您的工作，鼓励您追求崇高。

丛林深处，浓荫下，永恒的忧郁在像它一样平静的池水中映照着自己的面容。沉思者从那儿经过，伤心又陶醉，望着这尊肢体强健却因一种隐秘的痛

---

1. 哈波克拉特（Harpocrates），古埃及神话中的神，其形象是个吮手指的小孩，希腊人将其作为寂静之神。

苦而无精打采的大雕像,说:这就是我的姐妹!

在这座为公共马车的疾行所震动的小教堂的深处,在您冲进忏悔室之前,您就被一个没有肉的漂亮的幽灵拦住了,它偷偷地把坟墓巨大的盖子托起,哀求您这匆匆过客想想永恒!在那通向您亲人的墓地的鲜花盛开的小路一角,悲哀的神奇雕像匍匐在地,头发纷乱,泪下如雨,用它那沉重的哀痛压在一个名人的骨灰上,教导您说,在这个无以名之的东西面前,财富、荣耀,甚至祖国都毫无意义,这个东西没有人能叫出它的名字,也没有人能确定它的特点,人们只是用一些神秘的副词来表达它,例如:也许,决不,永远!而有些人希望它包含着被那样企盼的无限的真福,或者现代理性用垂危时痉挛的举动驱赶其形象的不间断的焦虑。

您的精神被喷泉的悦耳的声音迷住了,那声音比乳母的说话声还要温柔,您走进了一间绿色的小客厅,在那里,有时主宰您的生命的两位爱开玩笑的女神,维纳斯和赫柏,于枝叶扶疏之下展示出圆润迷人的肢体,这肢体从烈火中获得了生命的玫瑰色的光辉;但是,您几乎只能在昔日的花园中才能发现这些美妙的意外之物,因为在青铜、陶土、大理石这三种提供给想象力以完成雕塑之梦的极好材料中，最后一种在我们这个时代享有一种几乎是排他性的好感，我们认为这是不公平的。

您穿越一座在文明中衰老的大城市，它属于拥有全人类生活的最重要资料的那些大城市之列，您的眼睛被引向高处，sursum, ad sidera[1]！因为在公共广场上，在十字街头，有一些一动不动的人物，他们比从他们脚下走过的人都高，他们用一种无声的语言向您讲述着有关荣耀、战争、科学和殉道的浮夸的传说。他们之中有些指着天空，那是他们不断向往的所在；有些则指着地下，他们是从那里冲出来的。他们摇动着或者凝视着曾经是他们一生的激情的东西，而这东西已经变成了象征：一件工具，一把剑，一本书，一支火炬，vita i lampada[2]！哪怕您是最无忧无虑的人，是最不幸或最卑劣的人，乞丐或银行家，这石头的幽灵都要抓住您几分钟，以过去的名义命令您想想人世间以外的事情。

这就是雕塑的神圣的职责。

谁能够怀疑强大的想象力对于完成一个如此

---

1. 拉丁文，向上，向着苍穹。
2. 拉丁文，有生命的火炬。

宏伟的任务是必不可少的呢？这种奇特的艺术深入到岁月的黑暗之中，在原始时代就已产生出令文明精神吃惊的作品！在这种艺术中，绘画上应该被当作优点的东西可能变成恶习或缺点，其手段越是总给哪怕最平庸的作品一种尽善尽美的外表，完美就越是必要，而这种手段看起来更完整，其实是更粗野、更幼稚。一件来自自然并由雕塑加以表现的东西，圆形的、流动的、人们可以自由地围着转的东西，像自然的东西本身一样，有周围的气氛，在这样的东西面前，农民、野蛮人、原始人丝毫也不感到犹豫不定，而一幅画却因其远大的抱负和反常而抽象的性质使他们不安、发窘。这里，我们应该注意到，浅浮雕已经是一种谎言了，既是朝着更文明的艺术迈进的一步，也是离开了雕刻的纯粹观念的一步。人们记得凯特林曾经差一点儿卷进野蛮人首领之间的一场很危险的争执，他们拿他为之画侧面像的那个人打趣，指责他让人把脸的另一半偷走了。猴子有时会被一幅奇妙的静物画欺骗而走到形象的后边去看看背面。雕塑被包围在这样一些野蛮的条件之中，就导致了它在要求完美的制作的同时，还要求一种很高的灵性，否则，它就只能制造出使猴子和野蛮人目瞪口呆的惊人的东西。同时，那些在长和厚的比例上准确无误的大玩偶，连爱好者本人的眼睛有时也对它们单调的白皙感到腻味，从而放弃了它的权威。它不总是觉得平庸是可鄙的了，只要一尊雕像不是过分地可憎，它就能把它当成好的；不过，它绝不会把一尊卓越的雕像当成坏的！这里，比起任何其他材料，美都更加难以磨灭地印在记忆中。埃及，希腊，米开朗琪罗，古斯都[1]和其他几个人在那些纹丝不动的幽灵中放进了怎样神奇的力量啊！在那些没有瞳仁的眼睛里放进了怎样的目光啊！如同抒情诗使一切甚至激情变得高贵，雕刻、真正的雕刻使一切甚至运动变得庄严。它给予一切与人类有关的事情以某种永恒的东西，并且具有所用的质料的坚硬性质。愤怒变得宁静，温柔变得严厉，绘画的波动的、发亮的梦变成了充实的、执拗的沉思。然而，如果人们愿意想一想要汇合多少完美才能获得这种严峻的迷狂，就不会对我们的精神在浏览现代雕刻陈列廊时常为疲倦和泄气所苦感到惊讶了，在那里，神圣的目的常被看得很轻，漂亮和精

---

[1] 古斯都（Guillaume Coustou，1677—1746年），法国雕塑家。

细得意地取代了崇高。

我们喜欢浅薄的作品,我们的玩票作风时而对各种崇高能够将就,时而对各种娇媚也能凑合。我们知道喜爱埃及和尼尼微的神秘的、僧侣般的艺术,希腊的又迷人又理智的艺术,米开朗琪罗的像科学一样精密、像梦幻一样神奇的艺术,18世纪的作为真实中的狂热的灵巧;然而,在雕刻的这些不同的方式中有着表现的力量和感情的丰富,这是一种深刻的想象力的不可避免的结果,而这种想象力我们现在是缺乏得过于经常了。所以我在考察今年的作品时话很简短,人们是不会感到奇怪的。最甜蜜的莫过于欣赏,最令人不快的莫过于批评。伟大的能力,主要的能力,只有不在的时候才放出光辉,如同罗马爱国者的形象一样。因此,我这里要感谢弗朗谢斯奇[1]先生雕出了《安德洛墨达》。这座雕像受到普遍的注意,也引起了一些我们认为过于浅薄的批评。它的巨大长处是富有诗意、令人振奋和高贵。有人说这是抄袭,说弗朗谢斯奇只不过是把米开朗琪罗的一尊卧像变成了立像。这是不对的。那种尽

---

1. 弗朗谢斯奇(Louis-Julien Franceschi,1825—1893年),法国雕塑家。

管很大却很细的形体所表现出的倦怠，四肢的反常的优雅，都显然出自一位现代作者之手。不过，他可能从过去获得了灵感，可我更从中看到了值得赞扬的理由，而不是批评。并非人人都可以模仿崇高的东西，而当这种模仿是出自一个其生命自然地具有广阔前途的年轻人之手时，批评界更有理由希望，而不是怀疑。

克雷辛格先生是怎样的一个怪人啊！人们关于他能够说的最美好的东西是，看到如此多样的作品这么容易地产生出来，人们就猜到他有一种总是处于警醒状态的智力，或者更确切地说，他有一种气质，猜到他是一个衷心热爱雕刻的人。您欣赏一个不可思议的成功的局部，可另一个局部却又完全毁了整个雕像。这里是一个一气呵成、令人兴奋的脸，可是衣饰想要显得轻盈，却成了像通心粉一样扭曲的管子。克雷辛格先生有时捕捉住了运动，可他绝得不到完全的优美。人们那么赞扬的罗马妇人的胸像所具有的风格美和性格美是既不明确也不完善的。似乎他在工作的急不可耐的热情中常常忘记肌肉，忽略形象的如此珍贵的运动。我不愿意谈论他那不幸的《萨福》，我知道有许多次他干得好得多。

但是，就在他那些最成功的雕像中，一双有经验的眼睛也对那种简略的方法感到难受，那种方法使人的肢体和面孔像蜡从模子里脱出一样的完善和光滑。如果说卡诺瓦[1]有时是迷人的，那肯定不是靠着这种缺点。大家都很公正地赞扬他的《罗马公牛》，这的确是一件很美的作品；但是，如果我是克雷辛格先生，我就不喜欢因塑造了一头牲口的形象而受到如此慷慨的赞扬，不管它是多么高贵、漂亮。一位像他那样的雕塑家应该有别的抱负，应该塑造公牛以外的别的形象。

《圣塞巴斯蒂安》是一件细致的、有力的雕塑，出自吕德[2]的学生朱斯特·贝凯[3]先生之手。它既使人想到里贝拉的绘画，又使人想到粗暴的西班牙雕塑家。吕德先生的教授对我们时代的画派有如此重大的影响，如果说它使几个人、使那些无疑善于用自己的自然的精神评论这种教授的人获益，它也把那些过于听话的人推入最令人吃惊的错误中去。例如，请看《高卢》! 高卢在您的精神中的第一个形式

---

1. 卡诺瓦（Antonio Canova，1757—1822年），意大利雕塑家。
2. 吕德（François Rude，1784—1855年），法国雕塑家。
3. 朱斯特·贝凯（Juste Becquet，1829—1907年），法国雕塑家。

是一个人，气派很大，自由，有力，躯体健壮而轻快，一个出没于森林的身体健美的姑娘，一个在国民议会上被人倾听的、蛮勇善战的妇人。而在我所说的这尊失败的雕像中，一切形成力量和美的东西都不见了；胸，臀，大腿，小腿，一切应该隆起的东西都凹陷下去了。我在解剖台上见过那种为疾病和四十年持续的苦难所吞噬的尸体，难道作者要表现一个除了橡子没有吃过别的食物的女人的衰弱和疲惫吗？难道他把古朴强壮的高卢当成了一个衰老的巴布亚女人吗？让我们寻找一个更为具体的解释吧，让我们只是相信，他经常听人说要忠实地摹写模特儿，自己又没有必要的洞察力来选择一个美的模特儿，于是他就毕恭毕敬地摹写了一个最丑陋的模特儿。这尊雕像也获得了一些赞扬，那无疑是因为它那画册上的威莱达[1]式的望着天际的目光。我对此并不感到奇怪。

您愿意再次但在另一种形式下凝视雕塑的反面吗？请看布德[2]先生创造的那两个富于戏剧性的小世界吧，我认为它们表现的是《巴别塔》和《洪水》。

---

1. 威莱达（Velléda），日耳曼女预言家。
2. 布德（Stéphano Butté），法国雕塑家。

就处理的性质和方式来说,题材并不重要,但艺术的本质本身被削弱了。那个矮人的世界,那个微型的仪式行列,那些在一片巨石中爬行的小小的人群,使人想到在糕点铺和玩具店里看到的海洋博物馆的立体布置图、发出音乐声的绘画挂钟和有城堡、吊桥、上岗的哨兵的风景。我写下这样的东西感到极其难过,尤其是关系到人们还可在其中发现想象力和创造性的一些作品。如果说我仍然谈了,那是因为这些东西有助于证实精神的最大恶习之一是顽固地违背艺术的构成规则。这些东西只在这一点上才是重要的。什么样被设想得如此优秀的素质才能抵消这种如此巨大的错误呢?什么样健康的头脑才能不怀憎恶地设想立体的绘画、受机械摇动的雕塑、没有韵律的颂歌、诗体的小说呢?一种艺术的自然的目的被轻视,当然就要向一切与此种艺术无涉的手段求援。说到布德先生,他想要在缩小的比例上表现需要众多人物的巨大场面,我们可以指出,古人总是把这种企图留给浅浮雕,而在现代人中,一些很伟大很灵巧的雕刻家如果不甘愿蒙受损失和危险也从来不敢问津。两个基本条件,即印象的协调性和效果的完整性,受到严重的损害,无论导演的才能多么大，惶惑不安的精神也要自问是否已经感到了和在居尔提尤斯那里相类似的印象。装点凡尔赛花园的巨大壮丽的雕像群并不是对我的看法的全面驳斥，因为它们并非都是同样成功，有些摆放得很乱，尤其那些几乎全由立像组成的雕像群只能有助于证实我的看法，除此之外，我还要进一步指出，那是一种非常特殊的雕塑，其缺陷有时是故意的，在飞动的焰火下和明亮的雨中就消失了。总之，那是一种由流水加以补充的艺术，因此也是一种低等的艺术。然而，这些雕像群中最完美者所以如此，只是因为它们更接近真正的雕塑，因为雕像用它们的俯身姿态和相互间的交错创造了布局的总曲线，这在绘画中是静止的和固定的，而在雕刻中则像在多山的国度里那样，是流动的和变化的。

亲爱的先生，我们已经谈到过刺耳精神了，而且我们承认，在这些多少都反对纯艺术这一概念的刺耳精神中，还是有一个或两个人是令人感兴趣的。在雕塑中，我们又发现了同样的不幸。当然，弗雷米埃[1]先生是一位好雕塑家，他灵巧、大胆、细腻，

---

1. 弗雷米埃（Emmanuel Frémiet，1824—1910年），法国雕塑家。

追求惊人的效果，有时也能得到；但是他常常在自然的道路旁边寻找，这是他的不幸。《猩猩把一个女人拖进树林》(作品被拒绝了，我自然没有见到)，正是刺耳精神的念头。为什么不是鳄鱼，老虎，或其他任何一种可能吃掉一个女人的动物？不行！请想一想，问题不在于吃，而在于强奸。于是只能是猩猩，巨大的猩猩，既比人多点什么又比人少点什么的猩猩，它有时表现出人对于女人的欲望。这就是他找到的使人惊奇的手段！"它拖走了她，她会抵抗吗？"这就是整个女性公众可能提出的问题。一种古怪的、复杂的、半是恐惧半是淫荡的好奇的感情获得了成功。不过，由于弗雷米埃先生是一个优秀的创作者，动物和女人将得到同样好的模仿和塑造。实际上，这样的题材和一个有着如此成熟的才能的人是不相称的，评判委员会拒绝了这场卑劣的戏，做得对。

如果弗雷米埃先生对我说，我无权探测他的意图，无权谈论我没有见过的东西，那我只好谦卑地谈谈他的《卖艺者的马》。就其本身来说，这匹小马是可爱的，它的厚厚的鬃毛，它的方正的鼻尖，它的聪明的神气，它的夹得紧紧的臀部，它的既结实又细长的小小的腿，一切都说明它是一只纯种的驯良动物。立在它背上的猫头鹰使我不安（因为我假设没有读过说明书），我心想为什么密涅瓦的鸟要栖止在尼普顿的创造物[1]上？但是，我看见木偶吊在马鞍上：猫头鹰代表智慧这一观念使我认为，木偶象征着世界的无聊。还需解释的是马的用途，在启示录的语言中，马可以很好地象征智力、意志、生命。终于，我真正地、耐心地发现了，弗雷米埃先生的作品表现的是人类的智力到处都带着智慧这一观念和对疯狂的兴趣。这正是哲学的永恒的反命题，本质上与人有关的矛盾，一切哲学和一切文学从世纪之初开始就一直围绕着这个矛盾打转，从胡腊玛达[2]和安赫腊曼纽[3]的乱哄哄的统治到可尊敬的马图林，从摩尼[4]到莎士比亚！……然而我惹恼了旁边十个人，承蒙他警告我，说我是自寻烦恼，说那表现的只是卖艺者的马……难道那只庄严的猫头鹰，那些

---

1. 密涅瓦是罗马神话中的智慧女神，尼普顿是罗马神话中的海神，他在官殿中关闭着海马，这些海马驾着车，载着他穿越波涛。
2. 胡腊玛达（Ahura Mazda），古伊朗琐罗亚斯德教的光明神。
3. 安赫腊曼纽（Ahrimane），琐罗亚斯德教的黑暗神，胡腊玛达的反面。
4. 摩尼（Mani），摩尼教的创始人。

神秘的木偶竟没有为马这个概念增加任何新的意义吗？作为一匹普通的马，它们在哪些方面增加了它的身价？显然应该这样说明这一作品：**卖艺者的马，卖艺者不在场，他到想必不远的一家酒馆打牌喝酒去了！**这才是真正的标题！

卡里埃[1]先生、奥里瓦[2]先生和普鲁哈[3]先生比弗雷米埃先生和我更谦逊些，他们满足于以其艺术的灵活和熟练使人惊奇。他们三位的能力多少都有些不自然，但都对17世纪和18世纪的栩栩如生的雕刻有着明显的好感。他们喜爱并研究过卡非里[4]、普杰[5]、古斯都、胡东[6]、毕加尔、弗朗散[7]。很久以来，真正的爱好者们就欣赏奥里瓦先生的凹凸有力的胸像，它们充满了生气，甚至闪动着目光。表现《比佐将军》者是我所见过的最威武的胸像之一；《德·麦尔赛先生》则是精致的杰作。大家最近都注意到

---

1. 卡里埃（Albert-Ernest Carrier，1824—1887年），法国雕塑家。
2. 奥里瓦（Alexandre Oliva，1823—1890年），法国雕塑家。
3. 普鲁哈（Pierre-Bernard Prouha，1822—1888年），法国雕塑家。
4. 卡非里（Jean-Jacques Caffieri，1725—1792年），法国雕塑家。
5. 普杰（Pierre Puget，1620—1694年），法国雕塑家。
6. 胡东（Jean-Antoine Houdon，1741—1828年），法国雕塑家。
7. 弗朗散（Claude Francin，1702—1773年），法国雕塑家。

在卢浮宫的院子里有出自普鲁哈先生之手的一尊可爱的雕像，令人想起文艺复兴时代的高贵而温柔的风度。卡里埃先生可以感到高兴并对自己表示满意，已如他所模仿的大师们，他也拥有力量和才智。服饰与面部的有力而耐心的完美之间的对比也许不大恰当，袒胸露肩和落拓不羁稍嫌过分了些。我并不觉得弄皱衬衣或领带以及适当地雕琢衣服的卷边是一种缺点，我只是说这里与总的构思不协调，而且我还乐于承认我害怕给予这一批评以过多的重要性，卡里埃先生的胸像引起我相当强烈的兴趣，足以使我忘掉这一小小的、短暂的印象。

亲爱的，您还记得我们已经谈过《决不和永远》，我还不能找到对这一隐晦的标题的解释。也许这是一次绝望的行动，或者是一次没有动机的心血来潮，如同《红与黑》一样。也许埃贝尔先生对科麦松[1]先生和保尔·德·考克先生的趣味做了让步，这种趣味驱使他们在任何反命题的偶然撞击中看到一种思想。无论如何，他创作了一件迷人的室内雕刻，有人说（尽管资产阶级男女是否愿意以此

---

1. 科麦松（Jean-Louis-Auguste Commerson，1802—1879年），法国画家、作家。

来装饰他们的小客厅,这是很可怀疑的)这是一种雕刻上的小花饰,但也许可以做得更大些,成为公墓或小教堂的极好的装饰。一个体形丰满而灵活的姑娘,被举起和摇晃着,具有一种和谐的轻盈;她的身体在心醉神迷或者生命垂危中抽搐着,顺从地接受一个巨大的骷髅的吻。人们普遍认为骷髅应该被排除在雕塑的领域之外,这也许是因为古代不了解它或者所知甚少。其实大谬不然。我们看到它出现在中世纪,行动和炫耀起来带着一种犬儒主义的笨拙和没有艺术的观念的傲慢。从那时起直到18世纪,在一种爱情和玫瑰花的历史氛围中,我们看到骷髅在它能够进入的一切题材中大行其道。雕刻家们很快就懂得了蕴藏在这个瘦削的骨头架子里的一切神秘而抽象的美,对它来说,肉是衣服,它就仿佛是人类诗歌的提纲。而这种温柔的、辛辣的、近乎科学的优美也就变得清晰,涤除了腐殖土的污迹,置身于艺术从无知的自然中提取的无数优美之中了。确切地说,埃贝尔先生的骷髅不是一具骷髅。但我并不认为艺术家想要回避困难,像有些人说的那样。假使这位强有力的人物还隐约地带有幽灵、鬼魂、人面蛇身女怪的性质,它在某些部位还罩有像蹼足类动物的蹼一样贴在关节上的一种干瘪多皱的皮,它的一半身子还裹着或披着这里那里被关节的突起顶起的巨大尸衣,那是因为作者大概想特别表达虚无这一巨大而不固定的概念。他成功了,他的幽灵**充满了虚无**。

骷髅题材的这种令人愉快的情况使我对克里斯托夫[1]先生没有展出他的两件作品感到遗憾,其中一件具有类似的性质,另一件具有优美的寓意。这后一件作品表现的是一个裸体女人,像佛罗伦萨女人一样,身材高大,精力充沛(因为克里斯多夫先生不是那种软弱的艺术家,吕德的讲究实际的、细致入微的教育没有摧毁他的想象力),从正面看去,它向观者呈现出一个微笑娇媚的面容,一个舞台上的面容,一道卷得很巧妙的褶裥连接着传统的美丽的头和结实的胸脯,那头就似乎靠在这胸脯上;然而,向左或向右挪一步,您就会发现寓意的秘密,寓言的教训,我指的是,事实上那是一张神情慌乱的脸,沉浸在泪水和垂危之中。首先迷惑了您的眼睛的,是一张面具,天下人的面具,您的面具,我的面具,

---

1. 克里斯托夫(Ernest Christophe,1827—1892年),法国雕塑家。

形同一把漂亮的扇子，一只灵敏的手用这把扇子来替世人的眼睛遮住痛苦或者悔恨。在这件作品中，一切都是迷人的，有力的。身体的生气勃勃的性质和一种完全世俗的观念的神秘表达形成别致的对照，而惊奇在其中起的作用恰到好处。如果万一作者同意将这一构思投入到商业中去，塑一尊小型的青铜像，我可以并非轻率地预言他会取得巨大的成功。

至于另一个构思，无论它是多么迷人，我却不敢担保，尤其是为了得到充分的表达，它需要两种材料，一种是浅色的、无光的，用于表现骷髅，另一种是深色的、有光的，用于表现衣服，这自然要增加构思的恐怖及其不得人心。呜呼！

恐怖的魅力只能使强者陶醉！[1]

请想象一具高大的女性骷髅正准备出发去参加晚会的情景吧。它的黑种女人似的扁平的脸，它的没有嘴唇、没有牙龈的微笑，它的目光只不过是一个黑窟窿，一个美丽的女人成了这样一个可怕的东

---

1. 这句诗以及下面一段诗均出自作者《骷髅舞》一诗。

西，好像是在空中茫然地寻找着约会的美妙时刻或者刻在世纪的看不见的钟盘上的巫魔夜会的庄严时刻。它的被时间解剖了的胸部从上衣中妖冶地冲出来，就像枯萎的花束从花瓶中伸出来一样，整个的阴郁的思想从豪华女裙一般的底座上矗立起来。为了简短，请允许我引用一段诗，其中我试图解释而非说明包含在这座小雕像中的微妙的乐趣，差不多就像一个细心的读者用铅笔乱涂在他的书的空白处一样：

> 活人一样，自傲于高贵的身躯，
> 拿着一大束花，手帕，还有手套，
> 她有着慵懒而又潇洒的风度，
> 像个干瘪的女人怪诞却妖娆。

> 舞会上可曾见过如此的瘦削？
> 袍子太夸张，简直是过于宽大，
> 大量地堆在干枯的脚上，那鞋
> 装饰着绒球，漂亮得像一朵花。

> 蜂窝状绉领在锁骨边上玩耍，
> 仿佛淫荡的小溪摩擦着岩石，

害羞地抵御着荒谬的玩笑话,
保卫她执意隐藏的阴森魅力。

她深沉的眼成于黑暗和空白,
她的脑壳很艺术地戴着鲜花,
在脆弱的脊柱上软软地摇摆。
过分打扮的虚无也有魅力啊!

有的人会把你称作一幅漫画,
他们不懂,这些迷恋肉体的人,
人类的骨架具有无名的优雅。
大骨架,你正合我最好的口味!

你是来用你有力的怪相扼杀
生命的节日?……

亲爱的,我想我们可以在此打住了。我还可以提出新的样品,但我在那里只能发现多余的新证据来证明从一开始就支配着我们研究的那个基本观念,即最聪明最耐心的才能也不能取代对崇高的趣味和想象力所具有的神圣的迷狂。几年来,人们以批评我们的一个最亲密的朋友为乐,已经超过了可以被允许的程度。那好吧!我和有些人一样,我毫不脸红地承认,无论我们的雕塑家们年复一年地把技巧发展到何种地步,我在他们的作品中(自从大卫去世以来)再也发现不了奥古斯特·普雷欧的纷乱甚至不完整的梦幻曾经如此经常地给予我的那种非物质的乐趣了。

九 结束语

我总算可以发出那不可抗拒的一声"喔唷"了,任何没有被切除脾脏[1]又不得不奋力奔路的普通凡人,当他终于可以扑进长久以来如此盼望着的休息的绿洲时,都会怀着极大的幸福这样长出一口气的。我很愿意坦白,从一开始,组成"结束"这个词的能加福的字母就出现在我的脑海中,它们有着黑色的皮肤,就像跳着最迷人的字母之舞的一些埃塞俄比亚的小艺人。艺术家先生们,我说的是那些艺术家,他们像我一样认为一切不完美的东西应该隐匿

---

[1] 当时的人认为,动物切除脾脏会跑得更快。

不出，一切不卓越的东西都是无用和有罪的，他们知道在第一个出现的念头中有一种可怕的深度，在表达它的无数方式中，最多只有两三种是好的（我不像拉布吕耶尔那样严厉）。这些艺术家总是不满意、不满足，像被囚禁的心灵一样，他们不会错误地理解某些玩笑和某些任性的诙谐，他们和批评家同样经常地为这些东西所苦。批评家也知道最讨厌的莫过于解释尽人皆知的东西了。如果无聊和轻蔑也可被看作是激情的话，对他们来说，轻蔑和无聊就曾经是最难以拒绝的、最不可避免的、最唾手可得的激情。我强加给自己最严厉的条件，我也愿意看到每个人把这样的条件都强加给自己。我不断地自言自语：**有什么用？** 我假设自己提出了几个好的理由，便自问：它们对何人何事有用呢？在我的众多的遗漏中，有些是有意的。我故意略去了许多显而易见的有才之人，他们太有名了，不必再去颂扬，却又不够独特，在好的方面或坏的方面都不足以成为批评的题目。我执意要在沙龙中寻找想象力，因为罕有发现，就不得不谈论很少几个人。至于我可能有的无意的遗漏和错误，绘画会原谅我的，正如原谅一个缺乏广博的知识但却刻骨铭心地爱着绘画的人，何况，那些有着某种理由抱怨的人会找到许多复仇者和安慰者的，还不算我们的那位朋友，您委托他分析下一次画展，并给予他和我一样的自由。我衷心地希望他遇到比我认真寻找而不曾发现的更多的惊奇和赞叹的理由。我刚才提到的那些高尚优秀的艺术家会像我一样说：总而言之，许多实用和技巧，但是很少天才！所有的人都是这样说的。唉！我和所有的人一致。亲爱的先生，您看得出，解释人人都跟我们想的一样的东西的确是没有用处的。我唯一的安慰是，我在展示这些老生常谈时，也许使两三个人感到愉快，当我想到他们的时候，他们能揣摩到我的意思，我请求您愿意把自己列入这几个人之中。

您的忠诚的合作者和朋友。

图书在版编目(CIP)数据

现代生活的画家 / (法)夏尔·波德莱尔著;郭宏安译. —北京:商务印书馆,2023
(伟大的思想. 第二辑)
ISBN 978-7-100-22031-6

Ⅰ.①现… Ⅱ.①夏…②郭… Ⅲ.①绘画评论—法国—近代—文集 Ⅳ.①J205.565-53

中国国家版本馆 CIP 数据核字(2023)第062100号

权利保留,侵权必究。

伟大的思想 第二辑
现代生活的画家
〔法〕夏尔·波德莱尔 著
郭宏安 译

商务印书馆出版
(北京王府井大街36号 邮政编码 100710)
商务印书馆发行
山东临沂新华印刷物流
集团有限责任公司印刷
ISBN 978-7-100-22031-6

2023年9月第1版	开本 787×1092 1/32
2023年9月第1次印刷	印张 47

定价:260.00元(全十册)